超实用家庭教育秘籍

做生活的指挥家

〔法〕弗雷德里克·科尔·蒙塔古 / 著

方晖 / 译

C^1S | 湖南少年儿童出版社·长沙
HUNAN JUVENILE & CHILDREN'S PUBLISHING HOUSE

图书在版编目（CIP）数据

超实用家庭教育秘籍. 做生活的指挥家 /（法）弗雷德里克·科尔·蒙塔古著；方晖译.—长沙：湖南少年儿童出版社，2024.7

ISBN 978-7-5562-6787-3

Ⅰ.①超… Ⅱ.①弗… ②方… Ⅲ.①家庭教育 Ⅳ.①G78

中国国家版本馆CIP数据核字（2023）第163956号

超实用家庭教育秘籍·做生活的指挥家

CHAO SHIYONG JIATING JIAOYU MIJI · ZUO SHENGHUO DE ZHIHUIJIA

总 策 划：周　霞		策划编辑：吴　蓓	
责任编辑：万　伦		营销编辑：罗钢军	
内文排版：雅意文化		质量总监：阳　梅	

出 版 人：刘星保

出版发行：湖南少年儿童出版社

地　　址：湖南省长沙市晚报大道 89 号（邮编：410016）

电　　话：0731-82196320

常年法律顾问：湖南崇民律师事务所　柳成柱律师

印　　刷：湖南立信彩印有限公司

开　　本：889 mm × 1194 mm　1/32　　印　　张：7.25

版　　次：2024 年 7 月第 1 版　　　　印　　次：2024 年 7 月第 1 次印刷

书　　号：ISBN 978-7-5562-6787-3

定　　价：33.80 元

目 录

前　言

亲爱的爸爸妈妈们：

当你们的第一个孩子呱呱落地之时，您曾以为带娃的头一年是最艰苦的：了解他，满足他的基本生存需求，陪伴他学习成长……想到在这些过程中发生的一切，我暗自发笑，不是笑话您，而是我意识到大家都犯了同样的错误……

时光飞逝。你们的第二个孩子也来到人世，更有勇气的父母可能还有了第三个。孩子长大了，现在差不多上了小学。而为时已晚，太晚了，您这才明白一个事实，却向所有年轻父母隐瞒：家庭生活得有堪与往火星发射飞船的计划媲美的管理、规划和跟踪才行。

作为称职的现代父母，您知道这是一份团队工作，父母都得上前线，至少是轮流着上，来应付有孩子的生活所带来的持续挑战：始终满足他的基本需要，比如给他做饭、穿衣、清洁，或至少确保他会自己洗浴、给他提供体面的生活环境（至少干净有序的环境）、带他去看病……在这些挑战之余，您还要面对其他必须做的事儿，比如辅导作业、带他去参加课余活动，以及您昔日从来不会花上一分钟去做的事儿（如给一辆皱纹纸花车上色或是制作一套瓢虫化装服）。姑且将每年定期出现的假期、生日和儿童节等活动定义为愉快时光，但由于组织此类具有意义的活动如此耗时费力，最终也不总是那么快活。

回头看看，您会自忖，当您的祖母喃喃自语"小孩子有小烦恼，大孩子有大烦恼"的时候，您就该对此警惕起来。如今，这些话就像警报在回响，而您那时没有听进去。您现在不得不跑来跑去，胳膊下夹着一盒牛奶，手上拿着鸡毛掸子，同时还叫喊着让大儿子背诵他的语文课文。这一切中最糟糕的是，在您自己要做的事儿和工作之间，您每周只有短短的间隙来经营您的小家庭。

　　以上就是所有父母在某个时刻会明白的道理。大家觉得筋疲力尽，好似被一堆家务完全淹没。这一切很辛苦，持续存在且没完没了，而且我们内心知道，长此以往，对我们自己、对夫妻关系、对孩子都是致命的打击。

　　不过上天保佑，晴天（且不说"奇迹"）就在不远之处！它甚至就在您手中，以这本书的形式来帮助您在每日的疯狂节奏中完成您觉得不可能完成的事：更好地管理您的生活，令它简单化和轻松化，并让您重拾生活的缰绳。

　　它的秘诀是什么？从本人在该领域的一流专家和最有发言权的人士那儿收集来的数不胜数的建议来看，那些真正在积极思考如何管理好家庭的父母，他们有各种约束和难题，乐意答复我的询问，我在此用漫天飘洒的花瓣和彩箔感谢他们的参与，也感谢他们的坦诚和幽默！不过这还不够，本书为了更进一层，还附有大量的插框，它们包含了各类黄金法则、清单、巧点子和让您的孩子参与其中的小贴士！

如何进行实践？为了让您逐步进入状态，您将做个测验，以便您清楚自己属于哪类管理风格的父母，随后是第一章，它将帮助您通过向各种物品"开战"，更好地分配各种任务，并在供您选择的工具大全中挑选最适合您的工具。这样，您准备妥当而且有工具在手，接下来就能更有效和更从容地完成家庭生活的六项伟绩：一日三餐、洗衣服、收拾整理、清洁、学校、节假日安排，以上就是所有父母单薄的肩膀要承受的最沉重的负担。

还有些什么能补充的呢？您不是唯一处在这种困境的人，大家都经历过了。多亏了本书的建议和小窍门，使这些问题都可以解决，您相信吗？我相信一点：你们夫妻俩组成的金牌组合，将会无坚不摧！现在，只需行动！首先了解一下大多数父母最讨厌的 8 件任务吧。

大多数父母最讨厌的 8 件任务：
· 洗衣服。
· 做家务。
· 必须在孩子身后不停收拾。

- 采购。
- 做饭。
- 检查学校作业。
- 自我学习。
- 为孩子的事赶路。

小 贴 士

其他父母的留言不要只是简单看看，其中包含了真实的信息和真正的窍门，完美补充了本书。因此，请多花点时间来阅读它们！

小测验

您的管理风格
（父母轮流单独进行）

1. 您早上什么时候起床？

a. 一周 5 天总是同一时间。

b. 差不多都是同一时间。

c. 嗯，醒来后就会起床。

2. 您在哪儿做这个测验？

a. 躺在床上。

b. 安静地坐在桌边。

c. 在公共交通工具上。

3. 您曾经忘记过重要人物的生日吗？

a. 从来没有。

b. 偶尔。

c. 经常。

4. 您知道家里备用耗材收在哪儿吗？

a. 家里有这些吗？

b. 在厨房某个地方，或是在卧室里。

c. 玄关橱子底层左边的一个专门的盒子里。

5. 您外出休假的时候，行李箱都装些什么？

a. 所有可以装得下的。

b. 列在我的清单上的一切。

c. 我能想到的一切。

6. 您可以接受哪种宠物？

a. 鱼。

b. 猫。

c. 狗。

7. 您的充电器在哪儿？

a. 上次我给手机充电的地方……不过在哪儿？

b. 在专门用来存放它的盒子里。

c. 应该在客厅的某个地方。

8. 您需要找医生更新的处方在什么地方？

a. 在这些纸堆中的某一堆里。

b. 和其他处方存放在一起。

c. 完全不见了。（希望没有被丢进垃圾桶）

9. 您可知道下周末的安排？

a. 知道，已经安排了一段时间了。

b. 按照惯例，临时发挥。

c. 有一个大概的打算。

10. 您将约会的日期记在什么地方？

a. 脑子里。

b. 便利贴上。

c. 共用的日历上。

11. 您对期限来临担忧吗？

a. 当然。

b. 因时而定。

c. 一点也不担心。

12. 您容易分心吗？

a. 我确实容易变得手忙脚乱。

b. 我对正在做的事总是很投入。

c. 啥？抱歉，我正在胡思乱想。

13. 当您约了别人的时候，您会在什么时候到约定的地点？

a. 您最终会去的。

b. 您会迟到一会儿。

c. 您会准时赴约。

14. 发生紧急状况时，您的表现如何？

a. 一切尽在您的掌控之中。

b. 您有点忙不过来。

c. 您不知如何是好。

15. 您什么时候帮助孩子做功课？

a. 在星期天晚上，乱成一团。

b. 根据需要，酌情处理。

c. 周末大家安静从容的时候，一气呵成。

测试结果

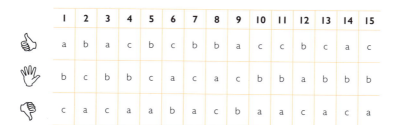

	1	2	3	4	5	6	7	8	9	10	11	12	13	14	15
👍	a	b	a	c	b	c	b	b	a	c	c	b	c	a	c
✋	b	c	b	b	c	a	c	a	c	b	b	a	b	b	b
👎	c	a	c	a	a	b	a	c	b	a	a	c	a	c	a

您获得最多的是 👍

　　了不起、令人惊叹、精彩绝伦……您不会是前来实行侦察的近藤麻理惠[①]吧？为了看看我的能力是否超过您的女儿。这样的结果让我倍感压力，我得努力找到更多的玩意、窍门、手段才可以帮到您这样的高手。不过，由于我喜欢挑战，我接受！我真心希望能够让您吃惊，甚至想大言不惭地说，我能优化您已在周边享尽盛誉的管理能力！

――――――――

① 近藤麻理惠是一位以独特整理收纳方法而闻名的日本整理大师。

您获得最多的是 ✋

还不错，但可以做得更好，因为您总是在整理的紧张阶段和完全放任自流的状态之间转换，您觉得疲倦而且灰心丧气。一句话，您是整理专家口中著名的"反弹效应"的受害者，是从最完美的井井有条跳到最彻底的杂乱无章的主儿。因此，我们将探讨如何巩固您已有的技能，不再从一个极端到另一个极端。而且，假如您还能获得更多的本领，那将是意外的收获！

您获得最多的是 👎

您得多努力，大大地努力，而假如您主动买了这本书，这可能是因为您意识到毫无条理意味着浪费时间和精力。好消息是，您的进步潜力巨大，而且通过从本书中吸收的建议和窍门，您将看到真正的不同，您无须为此变身"控制狂"。

第一章

怎样有个好的开端？

▼▼▼▼▼▼▼

要想成功自我管理，必须要追溯到问题源头并了解为何会到了这个地步，为何会忙得如此一塌糊涂。当然，我们的生活节奏越来越疯狂，各种职业上的、社会方面的、私人生活的、文化生活上的要求偷走了我们宝贵的时间，特别是还得管理孩子的一堆事儿……

这也许会令您感到惊奇，"时间吞噬物"中排在首位的，是您购买的各种物品。在我们年轻的时候，就那么几箱子东西，大家觉得特自由、特轻松，而现在谁也不敢再打开储藏室或阁楼，生怕被堆积如山的纸箱或不明物体给淹没了。这是怎么回事？很简单：我们开始赚钱了，于是就开始花钱，想要装备得好一些，想要住得更舒服一些，想要享受一下，想要符合我们渴望融入的那个社会圈子的规则。于是我们就买呀、买呀、买呀，然后装呀、装呀……装满我们的屋子。但是，这些东西束缚了我们，仅是因为它们的存在就拖住了我们的脚步，而且还成为我们思想上的负担，因为得整理它们，整理好了还得找得到它们，维修它们……而在这些东西中，自然有我们宝贝的各种带屏幕的电子设备，一点点地吸走了我们的空闲时间。总之，大家应当猜到了，首先要进行一番大清理，来减轻您的负担，随后才能厘清家庭生活本身固有的任务和要求，并好好进行安排。这些都做好之后，只要通过一些实用的工具、习惯做法和简单有效的步骤进行有效组织，就能重新顺利开始了。

假如我们没有给自己施压，没有要求自己在生活的各个方面都完美无缺，且符合社会强加于我们，或者我们自己强加给自己的某些准则，所有的这一切都会相对简单。嗯，那也是我们可以加以改善的地方！

大清理

如果对外界现象进行干预不那么容易，可以调整我们生活中的选择，尤其是那些渐渐堆积起来的宏大目标，调整后您是否会感到轻松很多？而这将是我们接下来要一起来做的，无须压抑自己，无须有负罪感，您要庆幸自己在自我重整之前还能对目前的局面有点控制权。在这个阶段，我们面临两种选择：购买新的收纳家具，或者来个清空。你们猜猜看，应该怎么办？

"东西杂乱给我一种毫无组织和失去控制的感觉。这使我焦虑和闷闷不乐。"

皮埃尔·L.

"当我情绪失控的时候，我就和自己说，该整理一下东西了。这样橱柜和我的思想都重新变得井井有条。"

玛丽·G.L.

黄 金 法 则

每件物品都需要单独打理，也就是说，要花时间去打理它们。必须找个地方存放它们，阅读说明书了解它们的用法，进行试用，清理它们，维护它们，如果出了故障还要找人修理它们。在特定情况下，为了使它们正常运转或真正发挥它们的功能，您还得再购买其他东西，如连接线、屏幕、菜谱等等。总而言之，一件单独而毫不起眼的小物品，可能带有一大堆其他功能和零配件，它们会偷走我们大量的精力和宝贵时间，而我们本该有更多愉快的事儿可以做：和孩子嬉戏、出去散步、探望朋友、做点自己喜欢做的事……所以，下次想要刷卡购物时，还是再考虑一下吧。

清空地方！

您曾感到是时候清理空间了，因为这是重新掌控您的事务和再度自我管理的唯一途径。那么现在，这个重要时刻来临了：卷起袖子，开始分拣。遵循步骤如下：

1. 至少留出半天时间，比如您还没有感到特别疲倦的上午。

2. 放点动人的音乐给自己打气。

3. 每次集中精神对付一个需要整理的空间或一间屋子。

4. 腾出地面（如果地上干净的话）、一张大床或大桌子，作为整理的场地。

5. 划出三块清楚的区域，用三张便利贴标明"留下""赠送""丢弃"。

6. 完全清空一件家具。

7. 查看每件物品，并自问以下三个问题：它可以保存完好？对我有用吗？它让我感到精神愉快吗（无论是因为它很漂亮，还是因为它令您想到某个亲爱的人或某段美好的回忆）？假如您对三个问题的任何一个的回答是肯定的，请看第8点。否则，直接看第9点。

8. 将这件物品放在"留下"区域。

9. 考虑您能否将这件物品送人以及送给谁，要知道，在这场大分拣中，"赠送"意味着：

· 送人，条件是对方真的喜欢或真的需要它。

· 捐给协会组织。

· 送到跳蚤市场或在二手交易平台出售。

假如这件物品可以再次利用，请看第10点。否则，直接看第11点。

10. 将该物品放在"赠送"区域，并下决心尽快将它送掉，可能的话在一周内完成。这样下次大分拣的时候就不会又找到它了。

11. 将该物品放在"丢弃"区域，然后尽快计划去废弃物品站或物品回收点一趟。

12. 大分拣结束后，利用这个机会优化您的整理成果，因为这是有效管理的关键一步。

从 容 一 些!

无须一次性整理或重新布局您家的整个内部环境，因为您做不到，甚至可能会感到灰心。宁可制订一些小目标，每周完成一个，或者分房间、区域或家具来逐步进行整理。

"为了对我的物品和我的生活重掌控制权，我的做法是当自己正在搬家：我试着处理掉尽可能多的东西，只保留最重要的。"

路易·P.

"在我心情愉悦或旧货售卖要开张的时候，

我经常通过整理，逐个清空房间并进行分拣。"

亚里桑德拉·L.

"我会查看所有的橱柜，为的是丢掉过期物品：调味料、药品、护肤霜、干了的指甲油等等，每年至少进行一次。"

阿比达·S.

您知道吗？

可能和大家想的相反，独自分拣比几个人一起进行要容易得多，独自一人不仅更容易专注于手上的事，而且更容易决定某件物品的去向，以免有人告诉您丢了它真可惜、留着它太占空间等。总之，独自一人，更有效，而且态度也更坚决！

衣服的整理

花点时间一口气清空您所有的衣柜、壁橱和抽屉，不要忘了车库里长年累月在衣架上风干的旧大衣。堆成一个单独的大堆，像大分拣那样（见第19页），用"留下""赠送""丢弃"三张便利贴分隔出三块区域。随后，挨个在明亮处查看每件衣服，并提出下列问题："它对我有用吗？"或"它让我感到精神愉快吗？"对于过季的衣服，则是"如果天气允许的话，我还想穿它吗？"只要答案是否定的，就依据它的状况或时尚度，归到"赠送"或"丢弃"那堆里。要知道，不能因为您的俄式公主风的长裙或澳大利亚防水帆布风衣数年前相当时髦，就认定它们现在还很时尚，或许事实正好相反……如果思来想去，您还是有几分犹豫的话，就将这件衣服搁在一边，过段时间再考虑如何处理它。

这个方法有两个极大的好处：

·您将对您全部的服饰更加了然于心，早上不再需要花上几个小时去考虑穿什么，或是那件和什么都不搭配的上衣要怎么处理。

·您将有足够的地方收纳所有的衣物，因此不再需要在换季时进行分拣了。

此法对处理鞋子同样有效！

"为了鼓励自己清空壁橱，我经常组织女性朋友进行二手衣服试穿，并免费转让。看到自己不再喜欢的服饰适合别人，被别人喜欢，是件爽心事儿。"

萨宾娜·B.

"想要知道我是否真心留恋某件东西，我就问自己，如果它损坏了，我会不会替换它。"

安娜·V.

大家都曾梦想拥有，
而现在却成了负担的头 5 种物品：

· 某些成套餐具，比如只用过一次的冰淇淋杯。
· 奶酪火锅及配件。
· 各种制作美食的机器：制作面包的、棉花糖的、热狗的、意大利花式面的、酸奶的……
· 真正的桌式足球机。
· 蒸汽清洁器。

黄金法则

为了使家里空间不受各种物品侵占，每次您带回家一件新的物品，就送人一件旧的物品，当然，条件是旧的物品和新的物品是同一类型。也就是说，不能拿一双崭新的鞋子和一本老旧杂志来互换。

储藏室或阁楼的整理

您立下了不少雄心壮志，决定挑战最大的噩梦，那就是对即使见不到也能隔空摄取您的精力的、被我称为储藏室或者阁楼的地方进行整理。

在动手之前，先做做这个快速测试：您记得里面都有什么东西吗？如果不记得，为何您还保存着这堆杂物？以防万一？因为在这堆杂物中的某个地方，有些带有感情价值的东西？

假如您记得在您的旧箱子里都还有啥东西，佩服，您太厉害了。这样的话，让我们再进一步：您是否高兴再次见到旧箱子里装的那件或那些东西，它们对您来说还有利用价值或令您感到愉快？
如果是这样，您是否准备重新在您的生活或您家里
给它们一个重要位置？

　　如果您对快速测试里的第一个问题的回答是
否定的，请任性一次，把它们全部赠送或丢弃。假
如您还是太为难的话，打开所有旧箱子，同时要求
自己处理掉所有不能再度进入您的日常生活的一
切东西。

黄 金 法 则

　　分拣过程中，您肯定会碰到您已经搁在
一边打算赠送或进行旧货售卖的纸箱。噢，
这真奇怪，您将它们忘得一干二净！在此情
况下，请在尽量短的期限内最终决定它们的
命运。否则，就将它们丢到垃圾箱、回收站
或废弃物品站。

　　如果您已经进行了旧货售卖，请将未能
卖掉的东西直接扔到废弃物品站。

　　"如果只是一年拿出来一次，甚至可能一次都不拿出来的东西，留着有什么用！我什么都用，甚至是我父母的陶瓷餐具。如果我打碎了一只盘子，真倒霉，可我会说它物尽其用，而我也尽其所用了。"

罗拉·A.

以防万一之情况

　　从来没有用过或极少使用的电器、留下来以便某天再度时兴或您奇迹般地瘦了 20 斤后想再穿的旧衣服、数十个甚至数百个冰淇淋空盒、再也运行不了的旧微波炉、满满一盒成为累赘的充电器和电器线、一盒布头……您还有些啥？孩子小时候的衣服（即使您彻底决定不再生小孩了）、孩子幼儿园阶段的手工制品和成绩单、成堆的旧杂志、少年时的盒式磁带或光盘、存放近 20 年而您从未用过的雪地轮胎、数十个空果酱瓶子……真够疯狂了，所有这些大家以防某天需要而保留的东西。问题是，这天来了，假设真的要用上它们，大家经常忘记已有存货而又去买了新的。所以，还是全都丢掉吧，除非是些有价值的或无法再找到的物品。

　　而且行行好，对所有您拥有双份、三份，甚至四份的物品，请采用相同的根除政策。并且，如有必要，只保留其中最好用的、最漂亮的或最完好无损的。

您可以不假思索
而且毫无内疚地直接处理掉的 10 类物品：

· 您的旧工装。

· 您不喜欢或不适合您肤质的化妆品。

· 已过保质期的物品。

· 您已经兴趣不再的手工作品。

· 廉价的、褪色的、过时的或仅仅是您不再喜欢的旧首饰。

· 不知道用途的单片钥匙。

· 丢了盖子的盒子和没了盒子的盖子。

· 不再适用的眼镜。

· 旧电子设备：电话、电脑等。

· 用于商家宣传的廉价产品和礼物。

感情方面的物品整理

如果没有某种情绪促使我们想要去关上壁橱和纸箱，上述的一切都将完美地进行，这种情绪就是内疚感。就物品而言，处理以下两类会引发我们的内疚感：1. 那些带有感情记忆的物品，就是说我们继承的、受赠的或是唤起我们美好回忆的东西；2. 那些贵重的物品，换言之，就是那些曾经花了我们不少金钱的东西，比如一条著名设计师设计的名牌绝版宽腿裤。

排行榜前 4 位和情感有关的纪念品：

· 结婚纪念品。

· 孩子的旧物品。

· 和关系亲密的人有关的纪念物品。

· 假期纪念品。

如何处理它们而不会内疚？将它们聚集在一块并客观地看待它们。这件从泰国带回的而您从未穿过的花浴袍给您带来了何种感受？这些不再绚丽的糖果盒呢？这个满是嚼痕的摇铃玩具呢？假如你对它们"没啥特别感受"的话，和它们告别，只保留最重要的、最漂亮的、最少见的，那么整理这些将只需一个纸箱，而非三个。

为了保存对某个物品的回忆，您也可以拍照。当然，如果您这么做了，看看您手机里的照片，我相信所有您喜爱的小衣服都在里面，由您的孩子穿着。当您怀旧的时候，您更倾向于看这些照片，而不是冲去翻箱子、找衣服。所以，拍些照片吧，并将它们存在电脑和网络上。

您 知 道 吗？

如果您把孩子的衣服留下来是为了将来他的孩子能用得上，他会笑话您的这个想法，因为到那时，今日时尚已是明日黄花。您的孩子甚至会吓一跳并直接把旧衣服退还给您。当然，如果他有礼貌的话，会在您走后再把衣服悄悄丢掉。

假如您不用那些花了大价钱买的东西，留它们有何用？钱已经花掉了，您再也换不回这笔钱，除非您成功转手这件东西，但前提是它有价值或不过时。如果卖不掉，将它赠给喜欢它或有需要的人。这项"高尚"之举会减少几分您的内疚感。总之，下次您还蠢蠢欲动想乱花钱的时候，考虑清楚，避免自己哪一天再处在这类不愉快的境况之下。

当您结束这番大分拣之后，您不仅会为完成了这项伟大工作而自豪，还会感到如释重负，因为您摆脱了一切在有形和无形中困扰您的东西。因此，您将感到内心安宁，它将助您更好地自我管理并更加高效地生活。

"看到一切有用的东西都漂漂亮亮的，而且还井井有条的，多么愉快啊！"

罗拉·C.

数码产品的整理

如果我们想把大分拣的逻辑贯彻到底，那面对我们的数码产品也不能手软。这些神奇的小东西，和它们被设计出来的初衷渐行渐远，我们花费在它们身上的时间比其帮我们赢得的时间要多得多。

> "我智能手机上的'时间管理'功能使我看到，4 小时 30 分的火车旅途中，我花了至少 2 小时上推特，收到约 350 条提醒信息和同样数量的振动通知，并拿起手机解锁了大约 150 次。"
>
> 马丁・U.

为了在日常做到正确有效的自我管理，因此也应进行"数码排毒"，它能帮您奇迹般地重拾空闲时间。

· 使用您手机上的"时间管理"功能，给您制订手机使用计划，特别是上社交网络的时间限制。

· 始终借助这一功能，在晚上某个时段开始或在周末关闭您手机上的主要应用程序，除了偶尔使用浏览器、短信、通话功能……最好的做法当然是全部关闭。

·根据大分拣的原则，尽量关闭各种提醒信息，并问自己下列问题："这对我有用吗？"或"这令我愉快吗？"。

·为了让自己在解屏看时间时不被手机诱惑，买一块手表。

·每当您忍不住去拿手机的时候，看看您的身边，观察正在发生的事，寻找好玩的、美丽的、感动人的、令人惊讶的事儿……简单地说，就是试图"活在当前"。

面对全家都会在屏幕前消磨大量时间的问题，请在每个周末和假期提出"在屏幕前度过时间最少的人是赢家"的挑战，以一件令人垂涎的礼物作为奖品而且全家可以分享：比方说一场电影、下馆子这类活动，由赢家任选。

您 知 道 吗？

成人每天平均在屏幕前度过 5 小时 07 分，相较 10 年前的 3 小时 10 分，多了 2 个小

时。猜一猜：成人每天看多少次智能手机？平均221次。（数据来源：法国公共健康署，2018年）

如果您觉得不可思议的话，使用您手机上的"时间管理"功能，来了解您在屏幕前度过的时间。

同时您还应该知道，数码公司和社交网络媒体已经开始在各类应用程序中设置这类工具。

我们总结一下

· 逐步、逐个房间或逐件家具进行分拣。

· 仅保留真正有用或令人感觉愉快的物品。

· 果断赠送、出售、回收、丢弃剩余的物品。

· 仅保留最重要的、最美好的、最稀罕的纪念物品，如有可能，自豪地展示它们。否则，将它们收在单独且唯一的纸箱里。

· 也要进行数码产品的大分拣。

任务分配

请所有从未花时间坐下来分摊家庭生活中的各项任务的父母举手。是的，大有人在，因为当第一个孩子降生的时候，我们不会想到这对日常生活的有序进行意味着什么。

情况分析

· 一周中的两天和整个周末，夫妻两人一起记下你们为家庭做的所有事儿，以及你们花费的时间。

· 汇总这些信息，两人分别给每个任务打上 1 至 5 的分数，最后将两人的分数相加。

· 保留 8 分以上的任务，这些是首要任务，是为了提升你们和孩子生理上、精神上和心理上的幸福感而不得不完成的任务。

· 浏览 5—7 分之间的任务，尽量减少它们，虽然它们是次要的，但并不意味着"不重要"。

· 少于 4 分的任务可以悉数省略。

现在您拥有很长的需要完成的任务清单，可以开始逐个任务进行商量了，当然要考虑到它们的耗时、周期和个人当时能抽出的空闲时间。为了帮助你们做决定，还要考虑到另外3条重要标准：

1. 该任务对您的重要性。如果它对其中一位重要而对另一位不重要的话，自然是前者来承担。

2. 您对该任务的专业度。如果其中一位是生手，要花许多时间，而另一位几分钟就搞定，那是后者来承担。

3. 您对该任务的好感度。如果其中一位讨厌周六上午带孩子去活动，而另一位无所谓，那是后者来承担。

尽可能做到平均分配。如果因为工作或其他缘故，在工作日无法做到这点的话，在周末、假期或一个月内进行调整。或者，在某个时期你们必须照顾到其中一位的职业发展，不要忘记在可能的时候回报另一方。总之，由于家庭生活和相关任务随着时间变化，请经常分析情况，至少一年一次，在孩子新学期开始之际应该做一次全盘考虑，因为那时常常出现许多变化。

假如你们对某些具体任务找不到解决办法，就把它们"外包"。如果你们付得起家务、熨烫、维修、园艺等所有这些让您抓狂的事的外包费用，那就享受专业人士的服务吧。和孩子有关的事（照看、接送……），如果你们的父母住在附近，可以请他们帮忙。而且，一些不复杂的事情也可以让你们的孩子来参与。

也可以考虑越来越盛行的服务交换。原则很简单：将自己所长为他人所用，将他人所长为我所用。想象一下，比方说，您是维修高手，但您对使您的孩子一筹莫展的数学一窍不通。我们的想法就是：向一位数学老师推荐您的维修绝技，用您灵巧的手艺交换他对您孩子的数学辅导。如果您对这个原则有兴趣，可以和您所在地的社区联系，了解在您住的村庄、小区或城市是否有此项服务。要不然，采取比较原始的做法：拟个小启事，张贴在您的住宅楼大厅的公示栏……

从 容 一 些!

为了给您的时间安排和应做清单减减量，学会对所有不是您和您的家庭责任范围的事儿说"不"。也许这挺自私，也破坏了您想呈现的完美自我形象，可这是保护您免受各类外界干扰的唯一方法。

说"不"的4条黄金法则

1. **压制您的内疚感。** 关键不是获得完美父母的桂冠，因为，咱俩说句知心话，那些完美父母更多是被嘲笑、而非妒忌的对象。至于您的孩子，他万分乐意看到您悠闲自在，而非看到您因为学校每次的要求而紧张兮兮。在这个问题上，也要看具体而定，如果您最终有时间为学校游艺会烘制蛋糕，那再好不过。而对所有来自家庭之外的或对您家人的全体幸福而言并无好处的一些请求，试着去拒绝。

2. **争取一点考虑时间。** 可采用下列两种策略：

①找一个借口：编个合理的借口来逃脱。或者干脆说您没空儿。

②给出替代方案："抱歉，这不可能。不过，

我们可以这么做……"或者"抱歉，这不可能。不过下一次，我们可以……"。

您知道吗？

心理学领域的专业人士的分析，当我们不会说"不"的时候，是因为我们害怕不被喜爱。然而，那些对我们真正重要的人会因为我们的本质和真实的表现而爱我们……所以，与其给自己施压去奔赴那些高远的目标，更好的做法是专注于我们小家庭的幸福和我们作为夫妻和个人的幸福。总之，应该疼爱那些爱我们的人，对其他人的无理要求不屑一顾。

"观察、分工和交流。凭此一切顺利。"

茉莉·L.

"我家里的那一位比我做的事还多。我不知
道为什么会这样!"

缪丽尔·I.

"没有分工。我俩都主动做事儿。他熨他
的衬衫(我呢,我讨厌这活儿)。我负责洗衣
服和叠衣物(他呢,他讨厌这活儿)。晚上回
来,他给孩子洗澡,因为他喜欢和孩子度过这
个时刻,而我借此喘口气,然后开始做晚上最
后的那摊子事。我们轮流带孩子睡觉。总之,
我们相互扶持。"

弗蕾德·O.

最后一招

下一次你们俩对个人分工无法统一的时候,用
硬纸板制作一个下页的色子,折叠好,掷个色子,
接受您的命运吧!

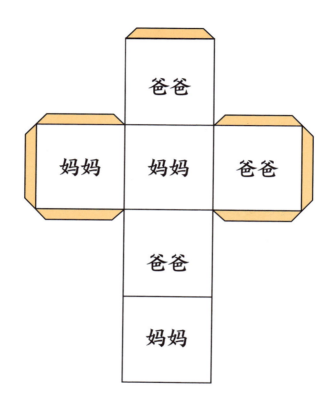

从好的开端重新出发

现在，您分拣过了、分摊过了，简言之，重拾了命运的缰绳，您终于可以开始自我管理了。

有用的工具

·一本家庭备忘录，用来记录整个小家庭的约会或要做的事（以及电话号码和重要信息等），把它放在家里来往最频繁的地方，比如厨房，好让所有人都可以查询和补充。

·一块记录重要信息和提醒的磁性记事板。

·一本小册子和一支铅笔，随处可以记下您的主意，或特别不能忘记的事情。要不然可使用手机上的记事本应用程序。

为了不至于忙得不可开交，估算每项任务将花费的时间，并无论如何遵守时限。在每项活动、家务或约会之间还要预留 10 分钟的余地，来解决那些小意外：突如其来的电话、公交车延误、停车困难、花时间找钥匙……

在家庭备忘录上记录的重要信息

·你们的个人电话号码。

·邻居的电话号码。

·照料你们孩子的人士（你们的父母、保姆、孩子朋友的父母……）的电话号码。

·医生、兽医等人的电话号码。

·学校的电话号码。

·上门服务的技术人员（水管工、电气人员、锁匠……）的电话号码。

·医疗机构、保险公司、银行……的电话号码。

巧点子

如果您没有家庭日历，在一张纸上记下所有这些号码并用冰箱贴贴在冰箱上。或者和其他有用信息（比如孩子的时间安排、正在服用的处方、生日邀请、各式各样的折叠资料、近期活动宣传单、理发师的名片、外卖比萨菜单……）一起夹在一本剪贴簿里。

自己创意的挂墙日历

有些家庭不采用备忘录，更喜欢使用一块大白板和可擦水笔来展示当月的总体情况，这对多子女家庭来说很有效，也很方便。唯一不便是必须每月一换。莫大好处是：你们可以根据你们的需要设计并随心变化。当然这块大白板上还要为

"一周要闻""菜单""采购"或任何你们认为必须说明的事项留地方。以下模板供你们参考。

	周一	周二	周三	周四	周五	周六	周日	
第一周								菜单
								采购
								重要记事

从容一些!

　　允许您自己减少孩子的日程安排。当然，让他接受启蒙教育、开阔眼界必不可少，这些都有利于让他意识到自己的潜能是大有用处的。另外，让他停下来休息同样重要，因为无聊可以激发创造力和想象力——父母在教育孩子过程中容易忽视的这几项对孩子的健康发展是必不可少的。因此，如果他的日程表已经被塞得满满当当，尽可能为他删除一项或两项活动。

　　"在我家无须计划或做其他的事。人人参与，孩子也一样。"

安娜·G.

　　"家务事不是我专属的工作，而是住在屋檐下的所有人该完成的任务！"

克里斯·M.

"我家里是这样分摊的：我做家务、采购、烹饪、洗衣服……他们（老公和孩子）弄脏衣服和吃饭……"

莫妮克·S.

您找到了对等模式，这很棒。而要使您的管理实现真正的现代民主，还要让您的孩子参与。实际上，并非他胳膊细、手又小就啥也做不了。相反地，孩子酷爱参与家庭生活，因为这给他一种归属感、顺利完成任务的满足感，而且他会因此觉得自己像一个小大人。您不应该错过这个机会，否则等他进入青春期，就为时已晚。

所以，趁着他天真热情，给他分配适合他年龄和自主能力的活儿并培养他在家庭生活中承担责任的习惯。（要对此充满希望！）

让孩子参与的4条黄金法则

1.制订固定的规矩，比方说，"如果洗碗机里的餐具没有收好的话，不能看动画片""如果你的房间没有收拾的话，不能和朋友一起玩"……

2. 在孩子之间公平地分摊任务，当然要考虑他的年龄和自主能力，以便谁也不会觉得活太重（甚至在必要时制订一张正式的任务表并张贴出来）。

3. 交给他简单和不太花时间的任务，并向他展示和清楚解释怎么做。

4. 请耐心和宽容一些。是的，这会比您自个儿做要耗费时间，也比不上您自个儿做的效果好。但是，我们的重点是让他帮您一把！

一旦将任务分配给孩子，请保持态度坚定不变。如果他忘了做，也不必因此惩罚他。也就是说，不要因为他没有做而批评和惩罚他，只是冷静地提醒他该做的事儿。重要的是，如果他主动地完成任务，要赞扬他的努力。他能在完成这些的过程中学会将来在成人生活中应具备的良好习惯。

生活常规

　　管理一个家庭，您不仅要在家务事、各种要务、个人工作和社会生活之间穿梭，同时，还要尽量给自己以及夫妻俩留一点时间。这一切从不停歇，以至于我们可能很快就完全跟不上节奏，甚至完全筋疲力尽。为了避免自己疲于奔命，您应当自我管理，自我组织。

为了建立和您的需求合拍的常规计划而提出的问题范例:

　　· 每天带孩子上学之前该做什么？

　　· 每天带孩子睡觉之前该做什么？

　　· 每天为了给一家人做饭，该做什么？

　　· 为了将家里收拾整齐，有哪些活儿是必须干的？

　　· 筹备休假该做什么？生日会怎么筹备呢？

巧点子

为了方便你们的家庭管理，大人之间也要建立一种每日不同的常规计划。比方说，周日：为一周做饭；周一晚上：各种文件整理；周二晚上：浇花；周三晚上：网购；等等。

一旦生活常规计划制订下来，规定每项日常计划的明确时间段和所花时间（不超过 15 分钟），并任命负责人，详细向他解释您对他的要求，甚至向他展示如何着手。请他在每天或每周的确定时间，毫无例外地自动完成，无须您提醒他。出于简化和公开的目的，您可以将所有常规列表张贴出来。这对安排写作业、收拾房间、做一日三餐、周末或假期出游等日程活动非常有用和高效。

当各种常规计划完善建立后，就不费吹灰之力了。利用这个机会一心二用，也就是说，只要不是使用同一肢体部分，就可同时做几件事。比方说，熨衣服的时候打电话，一边做饭一边监督作业等。

您 知 道 吗?

常规计划培养了您和您家人的习惯，这样可避免我们去制订没完没了的临时计划。常规计划也赋予孩子一种使命感，让他知道有些事儿必须在规定的时间内完成。所以，常规计划好处多多!

计划的管理

另外一个可能会妨碍管理机制的良好运作或是让人无法融入计划的麻烦，就是如何做好计划的管理。时光流逝，6个月、1年、2年过去，您想要重刷的卧室还未动工；在孩子长大之前和他共度的难忘假期还未能安排；完美的普拉提课程也还未找到。以下这个简单有效的办法将帮助您在各种计划中游刃有余，尽管无数紧急和重要的事缠身，您也要将自己的生活继续。为此，一张纸、一支笔和一点安静时间足矣。接下来：

· 画出下页类似的表格。

· 在第一纵栏中写下您的大小计划：重新粉刷卧室、安排假期活动、购买阳台植物、了解瑜伽课程……

· 第二纵栏是这些计划的费用。"便宜的"标上数字1，"平价的"标上2，"贵的"标上3。

· 第三纵栏是您将花费的时间。"不耗时的"标上数字1，"挺耗时的"标上2，"极其耗时的"标上3。

· 第四纵栏是您的积极性。"不太积极的"标上数字1，"比较积极的"标上2，"非常积极的"标上3。

· 现在，用荧光笔画出第一栏和第二栏的数字1，以及第三栏的数字3（见以下范例）。

· 用荧光笔画出3个数字都被画出的计划。您应该从这些计划开始，因为它们花费不高、耗时最短而且是您最想做的。然后进行较花钱、较耗时或您并不怎么想做但必须做的计划。

	费用	耗时	积极性
重新粉刷卧室	2	2	1
安排假期活动	1	3	3
购买阳台植物	1	1	3
了解瑜伽课程	1	1	3

请不要太挑剔！

最后，为了成功实现自我管理，您还得停止给自己施压或忽略别人给您施加的压力。换言之，找到适合您的运作方式和要求水平，并不一定要去做完美主义者。具体来说就是：

·停止将自己与他人比较。每个人根据他拥有的时间、精力和条件尽其所能就好。

·记住每天只有 24 小时，要想工作有效率，必须让自己有时间睡觉。因此，不要将时间安排到极限。反而要给自己留一些空闲时间来应付意外事件，甚至是休息一下！

·取消所有次要的任务。只保留基本和必需的，也就是能让你们和您的孩子（身体上、物质上、精神上……）感到幸福的任务。

· 停止力图完美，因为所谓的完美状态是种海市蜃楼。重要的是尽其所能。

· 当您将一项任务委托给某个人，请向他详细说明如何着手，然后让他自己行事。尤其不要扮演监工的角色，因为没有什么比这更打击别人的火热心肠了。

· 为了防止重陷误区，请远离完美主义者、存心让别人内疚的人、说教者。

您知道吗？

追求完美对自己和身边的人来说都充满压力，也费力劳神，因为人们从不满足而且总有更多的要求。

"我特想成为一个热爱整理的人，不过，我觉得有种力量在作祟，使得我的家很难变得整洁无瑕……随着年龄增长，我对自己说，房子或许有它自己最想要的状态……"

娜特·E.

"生活有足够的压力，因此家事不是我的重点所在。"

艾米尔·B.

"在家庭管理方面，我一贯的态度是放任自流，而非经常因此感到内疚。结果，孩子特别自主，而我花了许多时间倾听他的意见。"

艾丝黛尔·B.

第二章

任务：一日三餐

▼▼▼▼▼▼

自从我们有了孩子，本该是惬意的时刻，如做饭，似乎已成为抱怨和诉苦的源泉。当您在积累了一整天或一整周的疲惫后回到家，竟发现家里部分必要的调味品用完了，饥肠辘辘的您又想到一家人众口难调，此刻做饭瞬间就成了一场噩梦。幸运的是，有些方法和窍门可以令团聚在饭桌上的家庭变得更愉快。

"在我家吃晚饭前常会听到：'吃什么？''啥时候吃饭？''我不喜欢吃这个。'请告诉我在您家里也是这么回事，要不我会一头撞在巧克力上。"

阿芒迪娜·R.

采购

要想保证家里有丰盛的菜肴，必须提前在某个时候，带上银行卡或手机、购物车和满满的勇气去采购。

预先计划您从本周到下周的晚餐

最好在周末采购前拟定菜单，以便在购物清单上添上您缺乏的配料。或者，您的风格是每月一次大采购的话，请制订一个月的菜单，按照一周3—4顿饭的标准。这样可避免您：1.断断续续地买菜（这样很花时间）。2. 临时在就近的商店买到昂贵的食材。3. 订购预制饭菜或吃速冻食品（这比自己烹调要贵而且不够健康）。4. 晚上 8 点去敲邻居的门借鸡蛋或是面粉。有了这个菜单，使得晚上先到家的那位能迅速开始做饭，而后到的那位能休息一下。

菜单拟好后，将它们记在备忘录里或磁性白板上，万一您开始做饭的时候突然忘了要做什么菜，能第一时间清楚您的菜单。另外，记得每次出发采购前给菜单拍张照片，好购买所需的各种配料。

建立基本食材库

有了基本食材库，它将帮您在急需吃点什么的时候临时创意一顿简单美食：

· **最基本的调味品**：盐、胡椒、食用油和醋。

· **制作可口酱汁所需的食材**：芥末酱、番茄酱、酱油、椰奶、浓缩番茄酱、各类香料、盒装新鲜液体奶油、橄榄……

· **罐头**：小扁豆、豌豆、胡萝卜、玉米、金枪鱼、沙丁鱼、螃蟹……

· **淀粉类**：各式各样的意大利面、各式各样的米类、豆类……

·**甜点制作原料**：牛奶、鸡蛋、面粉、糖、酵母、巧克力、杏仁粉……

·**早餐食品**：巧克力粉、茶、咖啡、麦片、面包干、果酱、蜂蜜……

·**点心**：果泥、饼干……

·**新鲜食品**：黄油、酸奶、腊肉丁、块状或切丝的奶酪、制作馅饼或比萨的现成饼皮。

·**冷冻食品**：袋装的原生状态或事先切好的蔬菜（有些蔬菜，比如四季豆，做成罐头后味道和口感都不敢恭维）、鱼片、碎切牛排、香辛蔬菜、冷冻水果……

提前计划，简单操作

建立"吃完某样食材的人立刻把它再次加到购物单上"的规则，将这张重要的购物单贴在人人可见的磁性白板上。或是放在厨房规定地点的贴纸簿上，如果可能，在您的家庭备忘录专用栏里设置提醒。

为了提高采购的效率，购物单要详细，可能的话注明各区域采购顺序并遵守它。这可避免您不断地在货架间来回穿梭，并被所谓的促销产品套住，而购买了您完全不需要的产品。

同时，在电脑上、手机上或厨房里贴张纸，列出应该不时补充的必用品：湿纸巾、卫生纸、洗衣粉／液、洗洁精、油、洗发香波、厕所清洁产品等。购物单要归类整理："罐头类""家用产品类""洗浴产品类""饮料类"……，并在出发采购前核实您的需要。

巧点子

如果您不想或没有时间按照采购顺序重拟购物单，根据一定规则，用不同颜色的荧光笔给标签上色，以此来表示需要采购的物品。比方说，亮黄色表示奶制品，橙色表示新鲜食品，绿色表示洗浴产品，诸如此类。

一旦到了超市，即使各种商品很吸引人，请忍住想要大买特买、通通都买的欲望，因为您不仅得找到地方收纳这一切，还要时不时查看它们是否快过期。而且，老实说，6个月后，您难道还记得起买了某件东西，或是把它搁在哪个旮旯里了？总之，还是要讲效率，仅购买您在相对短的期限（6个月内）里需要的东西。

习 惯 做 法

争取在同一地方进行采购，避免在购买东西的路上耗费大量时间和精力。又或是您可以培养一些小习惯：晚上下班时去面包店；星期二去鱼铺；星期三去肉铺；星期六上午去菜市场……

利用互联网

假如您厌恶周六在超市因排队耽误了时间，可以在网上一次性批量购买不会过期的产品，并在合适时间开车去购物点取回来。这种方式的好处在于，可在个人平台账号里建一张购物单模板，每次根据需要修改，重复使用。

购买衣服和其他家居物品时，与其在商店浪费宝贵时间，不如在网上搜寻和选择并进行网上预订，随后在您有空的时候去离您家最近的店铺取货或是选择快递员送货上门。

最后，如果您更喜欢网购，最好在免运费和退货费的网站上购物。这样的购物模式现在越来越流行了。

"我最好的帮手是 quitoque.fr 网站[1]！我根据选择用餐的人数挑选菜谱，然后会收到相应的配料（有蔬菜、调味料……）以及烹调指导的快递包裹。这样做出来的菜真的好吃，也很营养，而且分量很充足。我们只要选择送货日期。即使有点儿贵，但节约了我许多精力！对一个像我这样厨艺蹩脚而忙碌无比的女性来说，这再理想不过！"

艾丝黛尔·B.

---

[1] 法国一个提供菜谱及主要原配料，并将其直接配送上门的网站。

菜谱

　　现在您有了烹调需要的所有配料，您可以准备一顿"近于完美的晚餐"①了。

　　除非烹饪对您来说是放松休息的一刻，而且您的家人对您的厨艺十分认可，否则，请预备简单的菜谱。在这种情况下，在您有空的时候，可以每周烹饪一次更别致或更精美的饭菜。其他时间里，尽可能在经过每位家庭成员吃过并认可的基础菜单里挑选菜品，当然要有意大利面，还有摊鸡蛋、意大利烩饭、浓汤、自制火腿馅饼或比萨、综合沙拉、咖喱蔬菜……

　　您也可拟定您家最爱的十大菜谱。将它们粘贴（或记录）在本子上或塑料夹中，收在专门的文件夹里。经常将它们加入您的每周菜单中。如果是书上的菜谱，列个表注明主要配料的名字、菜名、烹饪书名和页码，方便查询。请见下页范例。

---

① 法国流行的电视娱乐节目，一周内，五名参加者分别选择一天轮流准备晚餐，互相品尝并评分，分数最高者获胜。

主要配料	菜名	书名	页码
鲜鳕鱼	锡纸鳕鱼	《100 道菜谱》	106
黄瓜、玉米、三文鱼	黄瓜乳酪酱汁三文鱼玉米卷饼	《实惠不贵》	38
西葫芦、希腊羊奶干酪	西葫芦羊奶酪馅饼	《100 道菜谱》	16
香肠、白扁豆	香肠配白扁豆	《实惠不贵》	146
西红柿	烤带馅西红柿	《祝您健康》	185
西红柿、腊肉、米	西红柿大葱腊肉丁饭	《实惠不贵》	92
鸡肉	快捷咖喱鸡	《实惠不贵》	132
苹果	桂皮焦糖酥粉烤苹果	《闺蜜夜间小聚》	56

在电脑里制作一份"待做菜谱"，将您从杂志上拍下来的，或是在网上搜到的菜谱收入其中。您还可以在其中加入您在诸多烹饪书籍中看到的感兴趣的菜谱的照片或扫描件，这样您就可以处理掉这些书或把它们收起来了。您也可以使用带色插页来进行归类（"前菜""肉菜""鱼""甜品""节日大餐"……）。

饭菜制作

配料都全了，菜谱都有了，现在是工具。我特意挑选了为您节省时间的工具。

合 适 的 工 具

·锋利的刀具。

·带多功能程序的蒸煮锅。

·（制浓汤的）深底搅拌器。

·硅胶密封烤盘。

·多功能食物处理机(可绞碎、揉面、煮熟等)，这是一项物有所值的投资！

·微波炉。（老实说它不再是新鲜东西了，但有必要强调它的好处）

·可进行程序设置的传统烤箱。（您无须操心，甚至无须在场）

巧点子

根据您孩子的年龄和自立程度，让他参与某些饭菜的烹调。这能教会他如何做准备、如何组织安排（都是以后需要的本领！），还能让他学会协商、做出让步和了解动手能力的重要性。况且，这会令他特别自豪。运气好的话，他会因此变得更加自信。

冷冻食品万岁!

趁着安静的周末提前做些饭菜，将剩下部分按一人份的量分别冷冻起来，这些饭菜可以根据您的需要或当晚的吃饭人数拿出来。这样做自然需要准备大量的食材（可能的话翻倍准备）。还请记得加倍准备浇意大利面条的自制酱汁并冷冻剩下的部分！

您 知 道 吗?

同时准备好几道菜肴，可以节省宝贵的时间，因为在煮第一道菜的时候，我们可以对下道菜的配料进行清理、清洗、削皮等。所以，下一回您有兴趣或有时间做饭的时候，可以一口气做上好几道菜肴。

适合冷冻的配料或饭菜有：

· 带汁水的菜肴。

· 浓汤。

· 将米饭、小麦、布格麦①煮熟并分成小份冷冻。之后只需浸泡在滚水中2分钟即可食用。

· 生的、事先切好的、事先切细的或粉碎的配料，比方说美味的夏季番茄（在寒冬好制作塔布雷色拉②）、甜椒、小洋葱头、洋葱、蒜⋯⋯

---

① 布格麦主要由硬质小麦碾磨去壳而得，常见于欧洲菜、中东菜和印度菜。源自土耳其。
② 一种用麦粉、切碎的番茄、洋葱、香芹加上橄榄油、柠檬汁等作料做的黎巴嫩拌菜。

·甜馅饼（咸馅饼、火腿馅饼……）的饼皮。

·在冬天用来制作水果酱或沙冰的水果块。

相反地，有些食物完全无法冷冻，主要有：

·蛋类或含蛋的菜肴，如奶油类甜品或蛋黄酱。

·生菜、小红萝卜、甜瓜、西瓜、黄瓜、西葫芦、土豆、完整的番茄、草莓、覆盆子、无花果之类的完整而柔软的水果……

·新鲜的软奶酪。

你知道吗？

您的孩子除了能帮您分担家务，也同样是您宝贵的厨房帮手，不过您得先教会他基本的厨房安全规则。

·不能碰破壁机的刀刃。

·不能碰刀具，如果孩子成年，可以用刀，请注意有大人在旁边指导。

·刀具放在洗碗机清洗时应让刀口朝下摆放。

· 不能靠近正在加热的平底锅，此外锅柄应尽可能朝向灶台内侧。

· 远离刚结束工作的烤箱。

6 岁以上的孩子可以做的事儿

· 搅拌蛋糕糊。

· 洗蔬菜。

· 为菜肴准备必需的配料。

· 称面粉。

· 将菜盘涂上黄油。

· 调制油醋汁。

· 用擀面杖擀平馅饼皮。

· 用圆头刀切黄油并涂抹。

· 给煮好（并冷却）的土豆、（冷却的）水煮蛋、果皮厚的水果剥皮（壳）。

· 准备自己的学校点心。

· 敲破蛋壳。

· 根据菜谱写购物单。

·使用蒸煮锅。

·开启烤箱并将食物放进去。

时不时地或在假期，建议您的孩子一起预备或轮流预备一顿饭，并要求其从头到尾负责（当然是在您的帮助下）：选择菜谱、制订购物单、采购、做饭、清理厨房。这不仅减轻了您的负担（至少一次！），而且使他意识到做饭要花大量的时间和精力，也让他明白在饭桌前因饭菜问题发牢骚或者叹气是一件多么自私的事情！

"周日，我们（母女俩）4只手做了不少菜，煮了好些东西，下周初就将食用。"

亚里桑德拉·L.

从 容 一 些!

您不再请客，因为您没有时间采购做饭？如果您每回请朋友来家里吃饭都大张旗鼓（准备绝妙的装饰和新颖的菜肴），是无法长久下去的，因为这样一来，很快就变成了一种竞赛。因此，不如做一些家常的菜肴，您的朋友也会感谢您，因为当他回请您的时候，也会少点压力。最重要的是能继续相聚，不是吗？

假如您坚持做顿比较考究的饭菜，那么拟定一张年度标准菜单，这些菜您都能信手拈来，而且每次接待重要客人或亲戚的时候，您都做它们。当然，这张菜单得一年一换。

第三章

任务：洗衣服

▼▼▼▼▼▼▼

"妈妈，你给我洗的足球衣放哪里了？晚上我有训练。"

"噢，真要命，我的衬衫没有一件是熨好的，可今天上午和大老板有个会！"

"爸爸，我已经没有干净的内裤可以穿啦！"

"我们的床闻起来像旧毛绒玩具，多久没换过床单了？"

诸如此类的问题是不是经常在家里被问起……

　　我们来做一个简单的计算题，每人每天换一条内裤和两只袜子，这样一个五口之家每天就需要换 5 条内裤和 10 只袜子，于是，一周下来是 35 条内裤和 70 只袜子（天啦！！！）。还别忘了算上所有这些贴身穿的上衣，如果每人每周换三次的话（还是运气好不出汗的情况），再加上裤子、毛衣、套头衫……还要算上被这一大帮子人用过的各种毛巾、浴巾、床单。然后，最妙的是各类运动服。假如只是一条泳裤还没什么，可如果家里的大小姐打完网球或练完舞蹈、大少爷打完橄榄球或踢完足球，这就是另外一回事了。

　　总之，那个或那几个脏衣筐装满的速度相当于您清空它的速度，而洗衣机就得不停地转啊，转啊，转啊……可您不是一台机器，而且您开始有几分厌倦了。遗憾的是，放弃洗衣服是不可能的，您必须通过自我管理来优化时间，从而节省您宝贵的精力。

合适的工具

·一个布制衣袋（类似大手提袋）将其挂在每间卧室的门后，避免脏衣服在地板上一点点堆积。

·靠近洗衣机的收纳箱。在其中装上您需要的所有东西：洗衣粉／液、柔顺剂、防脱色条、强力去渍产品、白醋、衣夹盒、熨斗……

·备上一台大型的晾衣架。若是家里空间狭窄的话，可以在浴缸两侧安装小型的晾衣架。

·熨衣台。供熨衣用。

·大量的衣架。

·尺寸不同的干净衣服篮。一个装小件衣物，一个装抹布……或是人手一个，这样一来每个人就可将叠好的属于自己的衣物带回卧室。最好要求每个人及时将衣物收起来，这是连6岁的小孩都能做的事儿。

·一台干衣机。即便它算得上一笔不小的投资，您也不会为此后悔。首先，它能避免您在家里每个角落晾衣服。然后，您在干衣程序结束后可以立刻取出衣物进行折叠，避免它们起皱，这就减少了熨烫环节。

脏衣服管理

面对每天都会快速被装满的衣筐，如果您想节约时间，就要从源头抓起。

· 买一个被分成数个格子的脏衣筐（或多准备几个脏衣筐），并向家人解释如何分类放置，为了保证分类不出错，您还可以张贴"温馨提醒"。找到对你们来说最合适的分类模式：一个用来放材质结实的衣物，比如说牛仔裤、T恤、套头衫等衣物（或是深色衣物）；一个用来放易损坏的或贵重的衣物（或是浅色衣物）……

· 要求每件脏衣服入筐时已做好充分的洗前准备，当然要向年纪最小的家庭成员解释如何操作：如袜子面朝外，裤子面朝里，任何衣服都不能揉成一团，等等。

· 为了避免您在洗衣前还得花大量时间查看每件衣服，您也要要求您的家人清空所有衣服口袋并告诉您衣服上是否有污渍，这样您好决定衣物在浸水之前是否需要预处理。

· 为了不被一堆脏衣服淹没，并且不会出现缺衣危机，请制订每周洗涤计划并贴在家里出入最频繁的地方，比如厨房或浴室。

· 最后，要在家里建立"如果衣物没有及时放到脏衣筐，就得等到下周再洗"的规矩，当然绝对要紧的情况除外。

习 惯 做 法

· 周一：材质结实的衣物
· 周二：重要衣物
· 周三：特别脏的衣物
· 周四：各种家用纺织品，等等

旁注：如果您使用的是分成数个格子的脏衣筐（或多个脏衣筐），根据您的分拣方式制订每周洗涤计划。

袜子的洗涤

啊，这些袜子！不仅数量多，而且它们的样子都差不多，这些小讨厌！因此，为了避免花费数小时分拣袜子，请每个家庭成员确保自己的袜子颜色统一，且家庭成员之间的袜子颜色不同，最好带有明显标记，例如袜底有字或袜跟带颜色。要不然，就花点钱给每人配上一个洗衣网袋，要求每人将他的脏袜子放在自己的洗衣网袋里。

相反地，假如您提倡百花齐放和自由流通，每人的袜子都不同却由您统一洗涤，请叫您的孩子来一双双地晾他的袜子。同时，安排他在家的时候帮助洗袜子。

巧点子

如果可能，教会您的孩子使用洗衣机，以便将这项不太烦琐的任务委托给他。而且，不要忘记将洗衣机的用法（用荧光笔画出您最常用的洗衣程序）贴在墙上面，这样就能避免孩子用"我忘了怎么用它了！"的借口来拒绝您。

衣服标签上的标志

衣服护理标签上的各种重要标志的简明指导，对我们正确洗衣服特别有帮助！

→洗涤

⊠ 不能水洗，应干洗

♨ 手洗或使用洗衣机特定程序

[30°] 洗涤温度（不可超过）30 摄氏度

[40°] 洗涤温度（不可超过）40 摄氏度

[60°] 洗涤温度（不可超过）60 摄氏度

[95°] 洗涤温度（不可超过）95 摄氏度

→烘干

⊠ 不可烘干

⊙ 使用"低温"程序烘干

⊙ 使用"常温"程序烘干

您知道吗?

其他标志是给专业人士看的, 不用因看不懂它们而紧张。

→熨烫

⊠ 不可熨烫

🔲 低温无蒸汽熨烫

🔲 中温熨烫

🔲 高温熨烫

"我有一个不好的习惯, 我会把我不想收拾的衣服全部丢到脏衣筐里。"

安娜－丽兹·P.

"每天晚上大家都把脏衣服放进洗衣机里。等装满之后, 我就设置30摄氏度洗上30分钟。"

卡琳·N.

巧点子

　　市场营销手段擅长构思一些大家不需要的东西，但有时这些东西也有奇妙之举，比如说防染色条，它令不同深浅的衣物同时被洗涤成为可能——不过条件是深色衣物已经过了一次或两次水。出于环保考虑，使用过的防染色条还可以用来清洁洗脸盆、冰箱门、置物架……

折叠

　　衣服洗完后还有一个艰辛的过程，那就是折叠！从洗衣机里拿出来衣服的那一刻折叠行动就要做准备了：

　　1. 衣服一洗好就要烘干或晾干。也就是说，不要将它们长时间留在洗衣机或干衣机里。

　　2. 如果您在阳台晾晒衣服，晾之前先抖平衣服并将衣服整理好。

　　3. 将所有上衣（T恤、套头衫、衬衫）都挂在衣架上，拉平使之不起皱。

4.将裤子挂在带夹子的衣架上晾干。

5.如果您必须用夹子夹住衣服，请夹在衣服缝线处，这样不会造成不必要的夹痕。

6.如果您用干衣机烘干衣服，在它们快要完全干时立即取出来，并及时折叠。

将衣服在一张大桌子或您的床上叠好，每人一沓（个人应该自行来取并收起来），您可以同时听些音乐，令这个时刻更加惬意。

巧点子

外面天气条件允许的话，您可以将衣物放在户外晾干。这有三项好处：首先，通过在户外晾干的衣服，会很好闻，不会有异味（除非您住在环城马路或污水处理站边上）。其次，如果户外正好有风，能抹平衣服的皱痕。最后，如果有日照的话，在阳光中的紫外线的作用下，衣服上的顽固污渍也会被淡化。

假如您用滚筒烘干机烘干衣物，加入吸水性强的球状物（如羊毛球），衣物不会起皱（因此无须熨烫）。您可在互联网上买到这类产品。而且，还要记得加上几滴薰衣草精油或其他精油，令衣物香气宜人！

您若想解困，秘诀在于尽快教会孩子学会分拣，从诸如内裤、长裤、袜子之类的简单衣物开始。之后，他也需要逐步学会折叠T恤等大件衣物。

完美指导

您孩子会超级喜欢的T恤折叠器

材料：硬纸板、剪刀、胶带纸、尺子。

1. 在一块硬纸板上剪出4块长方形：

· 1块 72x35 厘米（B）

· 2块 72x25 厘米（A1 和 A2）

· 1块 36x25 厘米（C）

2.将长方形 B 摆在地上, 窄的部分朝向您的方向。

3. 将长方形 A1 和 A2 粘贴在长方形 B 较长的两侧, 并距离边缘 5 厘米宽度, 如同两扇窗门。

4. 将长方形 C 粘贴在长方形 B 的中段、两扇窗门之间, 并向下折叠。

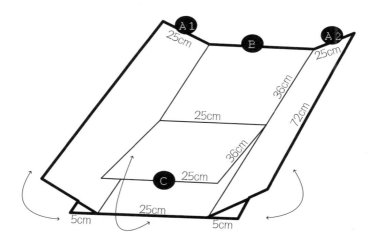

示范: 将一件 T 恤平摊在纸板上。关上一扇"窗门", 于是衣服的一侧叠了起来! 关上另一扇"窗门", 衣服的两侧叠了起来! 将小长方形向上折起。这下一件衣服就叠好了!

您 知 道 吗?

衣物叠得越紧，越容易收纳（而且出现褶子或遭到虫蛀的风险越小）。具体地说，就是应将 T 恤或其他上衣叠 3 至 4 次，或最好将整件衣服卷起来！请记得内裤也可这般处理：先折起下面部分，再两边向中间折叠，然后把内裤对折。随后，可将内裤互相紧挨着收在小筐子或抽屉里。

为避免发生袜子被我们无情抛弃的情况：

·将它们与其他衣服分开，单独清洗，免得它们藏进长裤、枕套或被套里。

·将它们放在洗衣网袋（互联网上都有出售）里洗涤。

·每次洗涤的时候，留心是否会有"离家出走的"袜子奇迹般地再现。如果一直没有出现的话，发个寻物启事，让每个家庭成员看看他的床底、床上、架子上。

·假如一年过去，消失的袜子始终音信全无，丢掉另外一只或想办法回收它们。如不然，您也可用它们擦拭灰尘。

巧点子

轻松教会您的孩子叠自己的袜子：

·将相同的两只袜子重叠。

·将袜子对折三次。

·垂直塞在袜子筐里，互相紧挨在一块。

·将落单的袜子放在干净衣物筐里，直至另一只被找到。

假如您有好几个孩子，可以发起一个小比赛，看谁能在限定时间内折叠并整理更多的袜子。

看看大家都在哪些地方寻找 "失踪" 的袜子

"它在一只滑雪袜子里面！"

莉莉·CTP.

"它一般会在垃圾箱、手提袋……或是门垫下面。而更多的情况是，我永远找不到它了！"

杰西卡·C.

"它去了我无法进入的平行世界里。"

艾米尔·B.

"狗小姐吃掉了它……几天后我们才找到它，不过详情我就不和您说了。"

阿珈特·L.

"当我在朋友家脱外套的时候，它从我的袖子里钻了出来。"

娜塔莉·B.

"在花园里，它被埋起来了。这一切要拜我们家小狗所赐。"

海伦·I.

"它在我的阳台上，据说是只松鼠送来的。"

玛艾尔·D.

"在我的裤腿里，而当时我刚结束和客户的会面。在我回到车里的时候发现了它。它在长裤的脚踝部分稍稍露了出来。"

艾维·D.

熨烫

若您不认为熨衣服是一件令人放松的事，并且也不喜欢和一堆T恤、衬衫、毛巾亲密相处，为了帮您尽量减轻熨烫这件苦差事带来的苦恼，我们给您提供3种方案：

1. 家政人员：这个方案不便宜，不过建议您可以花点时间算算每周可以省下的时间，说不定这个方案是值得的，尤其是当您能享受减税政策[1]时。

2. 服务交换： 假如您的邻居中有位熨烫狂人，建议您和他做笔交易，比方说：他帮您熨衣服，作为交换，您帮他辅导他的孩子做功课，或您开车送他的孩子去上课外活动课……你们肯定可以找到共识。重要的是，您喜欢做与邻居交换的那些事儿，因此您也就不会有太多的负担。

3. 部分或全部省掉： 所有曾经的熨烫爱好者都会和您说：省掉熨烫是多么快乐，多么节省时间，多么自由的事！总之，当您看到一家子在一周内要换洗的一堆衣服，这个决定真的会令您快乐无限！

> "以前我熨了太多衣服（比如各种毛巾或者女儿的棉绒睡衣），现在我不再熨了！"
>
> 亚里桑德拉·L.

---

[1] 在法国，为了鼓励劳工市场发展，家庭雇用家政人员（清洁工、园丁、辅导老师等）可以申请减税。

"我不熨衣服！而且我为了方便，干脆不买需要熨烫的衣服。"

缪丽尔·I.

"要熨烫的衣服，如男式衬衫或T恤等等已堆成了山，直到我下定决心或老公要穿的时候才不得不动手处理它们！！！"

伊莎贝尔·L.F.

从 容 一 些!

您为不再熨衣服这件事情而感到内疚或担心别人把您视作邋遢鬼？不如做个小调查：问问身边的人，他熨衣服吗？他会关注别人的衣服有没有熨吗？然后坦率地问问您自己，是否注意到别人身上衣服的情况。我相信关注这些的人是少数。所以，不必继续折磨自己。

"熨烫爱好者"专栏

没办法，还是下不了决心一劳永逸地收起您的熨斗？那么，以下是帮助您在使用熨斗时提高效率的方法。

合适的工具

· 蒸汽熨斗。

· 熨烫板。

· 水。

找到您的熨烫节奏。有人在早晨穿衣前熨衣服（该选项只对那些起得奇早并能迅速进入工作状态的人有效）。有人通过计划他接下来几天的穿着，每周熨两次衣服。还有些人宁可一次性全部完成，边干活边看他最爱的电视连续剧或节目（节目重播功能万岁！）。

您知道吗？

为了更轻松熨烫厚棉或亚麻衣物并做到节省时间，在熨斗底部包上铝箔纸并轻微沾湿，再开始熨烫。这会使热度倍增，从而方便熨烫。

完美指导
如何在 60 秒内熨完一件衬衫？

前提条件：拥有一个好用的熨斗。

· 熨斗加热至最高温度。

· 将衬衫的前半部分摊在熨烫板上，领子朝向熨烫板圆头，迅速熨烫。

　　→ 20 秒

· 熨袖子，但不要熨边缘，避免折痕。

　　→ 20 秒

· 现在是背部，始终采用"超重、超热"的快速方式。

　　→ 15 秒

· 最后熨衣领。

　　→ 5 秒

整个过程历时 60 秒。了不起！！！当然，您得练练手才能保证这个时限，不过您会做到的。

巧 点 子

假如穿衣服的时候，发现还有讨厌的折痕被漏掉了，可用喷雾器稍稍沾湿它并用电吹风吹折痕处，同时用手抚平。

衣物护理

衣物的问题在于它会磨损，出现撕裂口、破洞……幸运的是，您除了去商店买新衣服外，还有其他办法。

当您女儿的独脚兽连体装扮服到处脱线，假如您想自个儿缝补它时，就要买个大双耳篮子装您的裁缝用具和修补时要用到的物品。如单个扣子、多余的窗帘布……最重要的是还得等到您有时间、精力或动力再来处理。如果没有时间，也可以将所有衣物一次性地带到裁缝店，或和别人来次服务交换。

完美指导

如何缝扣子？

· 首先要知道扣子在哪儿，因此必须妥善收纳。

· 取一卷和您的衣料颜色相同的线并剪下 30 多厘米的长度。

· 将线头弄湿，穿过一根细缝衣针的针眼。

· 线的另一端打个结。

· 根据剩下的线头、小孔等找到扣子原来的位置。

· 在衣服反面戳针，从正面拉出。

· 将线穿进一个扣眼，从另一扣眼拉出，再在同一孔眼位置戳入衣服，从反面拉出。

· 如果扣子有 2 个扣眼，来回缝 4 次。

· 如果扣子有 4 个扣眼，可将线在两个扣眼间平行地缝 4 次，然后再缝另外 2 个。或者，十字交叉缝线。

· 结束后，将缝衣针反向插入缝线中，打个圈并打结。剪断线之前，再将缝衣针穿入缝线，从衣服纤维中穿出。

您 知 道 吗？

如果孩子裤子上黏了一块口香糖，可以把他的裤子放进冰箱的冷冻室。当口香糖完全变硬，它就会自己裂开掉下来。

如果衣服破洞或脱线了怎么办？

对付衣服破洞的最佳对策是使用加热后可自动粘贴的补丁，即便大人也适用，因为如今这类商品很丰富、很新颖，而且各种类别都有。假如您家附近没有货源齐全的杂货店，可在互联网上的购物网站上搜索您心仪的产品。当您买到心仪的产品，只需用熨斗加热它，就可以将其贴在衣物上，使衣服有一种时髦的效果。

现在来说说诸如衬衫、紧身长衫、轻薄长裙等织物脱线的事儿。解决之道就在您身边——在浴室里的美容产品中：一瓶无色指甲油！

操作步骤如下：

·整齐剪断露出的线头。

·一点点地涂上少许指甲油。不要涂太多，免得溢出或太显眼。

·晾干。

·假如是在缝线处脱线，涂上一点指甲油，并将您刚补好的部分挨着贴起来，令两部分"融为一体"。

·在动它之前先晾干。

最棒的一点是，指甲油不会在机洗衣服的时候被洗掉！

标注衣服的苦差

您的孩子来向您宣布他不久后要去海边进行修学旅行。好极了！可是他又补充说，学校要求所有衣服都需要加标记。这就没那么友好了。

如果您没有剪掉孩子衣服的标签（有时孩子会觉得标签会挠到皮肤），可用防水笔将孩子的姓名写在上面，或让他自己来写。如果标签已剪，您可以选择加热后自动粘贴的标签，这样孩子的衣服就拥有一个可个性化设计的图案啦。这小东西有点小贵，但非常节约时间。

第四章

任务：收拾整理

▼▼▼▼▼▼

当我们转身看到家里重现的灰尘就已经很惆怅了，此时再看到各种物品杂乱堆弃，您会怀疑人生！好像这些物品在地球上的使命不是方便我们而是为难我们。它们从来不出现在该在的地方，而是总在不该在的地方，或者埋伏在某个角落，一有机会就绊我们一下……

就像我们在第一章已经见到的那些情况，物品不仅奴役了我们，而且还占据了我们许多空间，这或许完美解释了为何那些关于收纳的书籍能取得巨大成功，哪怕其中的一些建议有点极端。本书的宗旨并非是要您回归千年前的修道院式生活，所以我做了一番大挑拣，只留下了最好的建议，并配上大量超棒的新点子，确保能真正辅助您应对那些麻烦和问题。因此在本章内，没有加长版的个人故事，没有高深的哲学思考，而是具体可行的方案，是面对各种物品的侵占进行有效自我管理的具体建议。

"整理的活儿让人像活在地狱一般！！！还有家务事也是！我们在 1969 年就能把人送上月球，可 50 多年过去了，我们想要永远消灭灰尘，啥办法也没有……我搞不明白！！！"

莉莉·CTP.

"我总是觉得家里乱七八糟、脏兮兮、毫无章法。但同时，我觉得自己总在收拾！！！"

伊莎贝尔·L.F.

"当我看到所有要做的事儿，我会觉得这些事似乎根本做不完！"

雷伊拉·R.

"我喜欢把东西收拾整齐，但不能少了些许混乱带来的生活气息。这是一种必要的平衡。"

斯蒂凡·C.

综述

想要家里变得井然有序的三字真言就是：逻辑性、简单性和清晰度。它们彼此通常相互关联，具体来说就是：

逻辑性

分门别类地整理物品：杂志放在一起，维修工具放在一起，盘子放在一起，鞋子放在一起……对于衣物，按个人整理。总之，根据您自己的（而非某个专家的）习惯找到一种带逻辑的整理方式，来避免满屋子是散布的东西，或是浪费时间找寻您想要的物品！

巧点子

不仅可以按个人分类来整理衣服，如有可能还可以分小类：羊毛制品放在一起，棉制品放在一起，人造纤维类放在一起，或更简便从事，把轻薄的衣服收在一起，厚实的衣服收在一起。这种收纳法比按季收纳更有效，因为有些冬天的衣服也很轻薄，比如衬衫、羽绒夹克或长裙；有些骤冷的夏夜里，有件暖和的厚毛衣也很惬意！

简单性

将您的物品收在简单容器内，如可以堆叠的透明塑料收纳盒、双耳筐子、悬挂式的收纳袋……然后给它们一个每个人都容易记住的固定位置……相信我，这将避免不少混乱。

黄 金 法 则

永远不要空手走出房间。四下瞧瞧：准有点啥被丢在地上，请让它们回到它们应该待的地方。当然，全家都要执行这条法则。

清晰度

为了避免家里一团糟，并轻松找到您要找的东西，您的物品应当以一种便于观察、寻找的方式收纳，这样就不会出现物品无序堆放，如大件物品放在小件物品之前，物品被塞到橱柜顶部或其他较隐蔽处，物品被卷成一团等。要做到便于观察意味着"垂直收纳"（而非平行的），这对有些物品来说很容易而且顺理成章。总之，便于观察是指"把您最需要的东西放在伸手可及、抬眼可见的地方"。

> "由于我没能拥有一个带有大抽屉的衣柜，我买了一系列相同的透明盒子来叠加放置：宽而扁的用来收纳上衣，长方形的用来收鞋子（每盒一双）。然后我把所有的盒子都搁在架子上。这样摆十分漂亮而且极其方便，因为我不用搞乱一切，就可以取到想要的东西。我的闺蜜们也超级喜欢这个方法。"
>
> 安吉莉卡·D.J.

如何避免物品的侵占？

是时候和您说个"可怕"的真相了：并非实施了大分拣，您就能一劳永逸地夺回对您的物品的控制权。您迟早会是专家口中常说的"反弹效应"的受害者，也就是说各种物品卷土重来。如何避免这种情况的发生？

·如果您家里有足够的空间，在一个角落先放上一个空的大纸箱，让每人在里面放上已经损坏的或他不再要的东西。当箱子被装满时，对其中的物品进行分拣，丢掉该丢的，送掉剩下的东西。

·每个季节发起一次"每个房间处理掉至少5样东西"的挑战，让您的孩子也参与进来。

·创设"年度大扫除日"并招募大家参与。为了令它更好玩和更有号召力，放上音乐来进行。然后，晚上请大家下馆子庆祝。

习 惯 做 法

制订每个月完成整理家里的一个地方的计划。比方说，8月份开学之前，整理孩子的衣橱，弄清他的衣物状况；9月份，整理存放文件的壁橱；10月份，整理您的家用药箱和浴室里的物品①；11月份，整理您的美容化妆产品，诸如此类。一旦计划制订下来，就不要违背它，如有需要并可能的话，让您的孩子一起参与其中。

---

① 法国家庭习惯将家庭常备药箱放在浴室里。

"我会每晚花上5分钟整理一下家里，再去睡觉。"

丽莎·P.

合适的工具

· 挂在门上的收纳装置: 挂衣钩（可在家里到处都装几个），金属篮……

· 挂在置物架上的篮子。

· 悬在架子上的倒挂酒杯架。

· 悬挂式收纳盒或收纳袋。

· 放在玄关的带提手大筐，可让您孩子回来时把鞋子搁在里面。

· 几个带提手的筐子或托盘，用来收集被到处丢的物件并及时将它们放回它们所处的房间或原来的位置。

· 用一些小提篮或小盒子来集中四处"游荡"的闲杂物件: 扣子、地铁票、螺丝钉、牛皮筋、视力矫正眼镜……

　　"我有一个带抽屉的可移动的小衣柜，把
孩子白天要穿的衣服或晚上要穿的睡衣收在里
面。必要的时候，我可以把它带到浴室。"

卡洛·L.

玄关

　　您可知道美国人给他们放鞋子、手袋、大衣的
房间起了个什么绰号？泥泞地带（mud zone）。这
个形容恰如其分，因为那里的确是家里最容易搞乱
搞脏的地方！

　　如果您的玄关和所有名副其实的玄关一样充斥
着鞋子、手袋、大衣、外套的话，先开始将鞋子都
收在同一个地方，可能的话放在透明的塑料盒或原
装鞋盒里，后者要在盒子前部标注内容，好让家人
第一时间晓得里面装了啥。把所有的手袋也收在一
起：放在一个带提手的筐里、一个可以关上的漂亮
箱子里或者玄关壁橱的架子上。假如您的地方不够
或替它们的"身材担忧"，也就是说担心它们变形，
可按从小到大的顺序将它们套放收纳。最后，关于

外套或大衣，还是挂在衣钩或直立挂衣架上，而非衣帽架上，因为它们会重叠，最后啥也找不到了。请记住，收纳必须做到便于观察……

巧点子

假如您采用了挂衣钩，那么考虑至少人手一个，且要高度适宜，避免小家伙需要跳得老高才能够到它，最后泄了气而把他的大衣或外套丢在地上或客厅的扶手椅上。可能的话，下面放张长凳，让他可以在上面搁书包和运动袋，并把鞋子塞在凳子下。总之，在收纳达人——幼儿园老师的做法中寻找灵感，他们每天必须对付三十几个孩子带来的杂乱，还要教这些孩子如何自理！

您的玄关此时或许布满了各式各样的筐子、箱子或盒子。请在角落放个块头大的筐子来收纳手套、无边软帽、围巾、纱巾、折叠雨伞……然后把它塞到一张小桌的下面，而这张小桌（可能的话在小桌上准备一个小盒或小提手篮）用来收集大家出门时随身带的各色杂物：钥匙、卡片（地铁卡、多媒体图书馆卡、影院会员卡、游泳卡……），驾驶证件、刷卡回单、零钱……趁此机会，再放两个可叠放的文件框，一个放收到的信函，另一个则是放待寄的信函。

黄 金 法 则

选择一个固定的收纳地点来收纳您经常找不到的东西（眼镜、钥匙、公交卡或地铁卡、银行卡……），并强迫自己每次都将这些物品收在里面。

"我总是在玄关大门后挂一个大手提袋，用来放各种我出门时要用的东西，比如医院处方、需要还图书馆的书……"

艾玛·V.

厨房

无论是开放型还是封闭型的厨房，都是家里来往最频繁的地方，因此这里的物品也是五花八门，有采购的东西、厨房用具、包装精美或不太精美的食物、干净或不太干净的餐具，以及令人意想不到的东西，比方说课本、杂志、短外套、连指手套、运动背袋……

为使您不被这些东西淹没了，您有必要采取一些整理妙方：

井井有条的秘诀

· 将物品收在靠近您使用它们的地方。

· 将最常用的物品置放在齐腰高度，方便使用。

· 将您不是每天都用（不过还是会经常使用）的物品或沉重庞大的物品放在壁橱底部，比如您的奶酪火锅。

· 将易碎的或您很少使用的物品放在高处，比如您始终没有卖掉的那些冰淇淋杯。

· 在您的壁橱内部进行合理的整理：所有调味

香料搁在最下边的隔层里，方便您寻找时全都拿出来，而不是在架子上瞎摸；砧板、托盘、馅饼盘竖起来存放，更容易看见也更好拿；将您的玻璃杯挂在架子装配的倒挂酒杯架上……

· 以备不时之需，家里准备一些可以保存的食物是极好的，但如果收得毫无章法，就毫无用处。为了一眼找到您要找的东西，把所有东西收在同一个地方并分门别类：浓汤包放在一起，谷物类放在一起，意大利面放在一起，罐头放在一起……为了进一步优化这个想法，还可做二级分类（儿童麦片放在一起，成人麦片放在一起，豌豆罐头放在一起等等）。当然，也可以按尺寸分类：块头小的在前面，块头大的在后面。

· 每样食物不要买超过3盒（假如搞促销的话可适当增加购买数量），避免将您的储物室变成商店。

· 创建一个"儿童"专区：这个矮橱柜（这样孩子容易拿取）里可以放孩子自己的早餐和点心以及所有他需用到的东西（包括安全餐具），以便他习得自理能力。

· 不再随意乱放小件玩意儿。把所有占据您的料理台或抽屉的东西（牛皮筋、小药瓶、电池、单个螺丝、喝糖浆的小勺……）收在单独固定的地方：可做最基本分类的带分隔的抽屉、带小格的茶叶匣子、果酱瓶、可以叠加的竹制蒸笼等等。

巧点子

当您用洗碗机的时候，尽量做到有条理：相同的盘子放在一起，马克杯放在一起，刀具放在一起，玻璃杯放在一起……这能使您晚上开饭前或者早晨快速找到洗碗机里的餐具，节约您宝贵的时间。

"我把米、意大利面、滨豆、坚果放在完全一样的透明密封玻璃瓶中，因为这样更容易收纳，也使得它们的余量一目了然，而且好看、美观！"

阿麦尔·O.

黄 金 法 则

厨房或孩子卧室，都需要进行攻坚战！为了与杂乱无序作战，立下"主动整理不再用的东西"和"用完必须做卫生"的规矩。总之，借用老生常谈的一句话："我们要让我们离开的地方同我们刚来时一样干净。"

食品盒的收纳

厨房经常是重灾区，是噩梦之乡，塑料盒层出不穷，我们应该采取严厉措施防止这种事情发生：

·汇总所有散落在家里各房间、各家具、各角落的盒子。

·丢掉没有盖的盒子和没有盒的盖子。

·第一波筛选结束后问自己：我需要这么多的盒子吗？

·如果您有太多盒子，保留对您真正有用的那些，就是说那些尺寸最符合您的需要并方便实用，而且容易收纳或堆叠的盒子。

·盖上盒盖收好，避免花时间找盖子。

·处理掉剩下的盒子，丢到废品处理站或送给他人。

小贴士

为了优化您的整理，特别是厨房和浴室的整理，请不要忘记：

·经常分拣。

·分门别类地整理，可能的话垂直摆放，从小到大。

·不要预先大量存货。

浴室

家中用得较多且不怎么受待见的地点还包含浴室。将其打理好也是一项挑战：浴室面积狭小，每人还得在其中便捷地收纳和找到他的洗漱用品，甚至还不能侵犯到别人的地盘。

合 适 的 工 具

·传统经典家具，比方说洗脸盆下的柜子、洗脸盆上方的置物板、高而窄的或装在墙上方的壁柜……

·墙角柜（如果您有地方放一个的话），来扩充您的收纳容量。

·细长的置物架，每人一个隔层和一个带提手的小篮。

·装棉签、清洁纸巾、发夹、牛皮筋、沐浴皂球等物品的透明玻璃罐。

·一张雅致的托盘来集中放所有这些东西。

·布制或塑料的小袋子，用来收纳您的剃须刀、女士脱毛器、化妆品……袋子可自制，也可在网站上买到。

·类似香薰烛台的小圆罐，用来放置您的各种化妆刷、修甲刀、梳子……

·挂在壁橱门内的小篮子。

·收纳浴室里散放的所有小东西的抽屉分格。

·盒子、提手篮或淋浴间内的架子，用来盛放所有必需的洗浴用品，甚至可以考虑成人和孩子各有一个。

·装在浴缸一边或粘在瓷砖上的收纳空间，用来装孩子的玩具。我认为最棒的东西是收纳网袋，因为它不会像塑料盒那样长满霉斑。

黄 金 法 则

·汇总您经常使用的洗浴产品，收在方便可取的地方，可能的话丢掉所有剩余产品：那些您只用过一次的、不适合您肤质的、气味或质地您不喜欢的……

·和厨房整理一样，将您日用的物品放在您需要用到它们的地方，抬眼可见，触手可得。

·将诸如防晒霜等您不常用的东西放在盒子里，搁在高处，腾出空间。

·尽可能减少装饰物品，它们很占地方，而且清洁起来很麻烦。

"我用带吸盘的小挂钩来挂放孩子的东西，伸手可取，他无须在橱柜里乱翻。"

弗蕾德·O.

"我把发刷、吹风机和其他美发器具竖放在文件框里。"

阿玛利亚·T.

"我实行零垃圾和极简原则。三块香皂：一块用来洗手、一块用来洗澡、一块用来洗头。"

安娜·G.

您知道吗?

我们储存东西的原因主要有三个：

·害怕缺货。正是为此我们才会多出20卷卫生纸、6瓶香波和3包6块装香皂。

·不确定性。换句话说，因为不确定每次去采购的时候某些商品是否有货，就会在它有货时多买一些。

第四章 任务：收拾整理 | 119

·促销。这很不错，于是趁机买买买，而不考虑如何存放。

"整理浴室的时候，我发现我有 5 瓶相同的香波、6 管不同的儿童牙膏、十来盒面霜、4 支眉毛钳等等。难怪我没有放东西的地方了！"

安耐丝·L.

"人人都有他的瓶瓶罐罐，人人都有他放牙刷、牙膏的牙杯，人人都有他的毛巾，人人都管好自己的东西。理论很美好！行得通的时候少之又少。"

诺文·B.

"浴室里东西寥寥，再加上几个收纳柜。这样看来非常整洁。"

玛丽·G.L.

毛巾的整理

随着岁月流逝和孩子降生，您的毛巾储备量大大增加，因为您想随机应变：能在几次洗涤之间轮流使用不同毛巾，还要有足够的毛巾应付尿床、呕吐、家里来客人。不过，平心而论，您真的需要三十几条毛巾？

因此，为了优化整理并腾出空间，理应先分拣并丢掉所有破洞的、磨损的、变毛糙的、褪色的毛巾，或是将它们当作抹布。然后根据需要，在门后添加挂衣钩或挂杆，设置三个不同高度，方便所有人取挂各自的毛巾，而不是丢在地上。也可以遵照本书已给出的建议，将暂时用不到的毛巾尽可能紧紧折叠，尽量竖直摆放。

"为了搞清楚哪条毛巾是哪个人的，我们创建了一种色彩密码：白色是父母的，单一浅色是女儿的，单一深色是儿子的，而彩色是客人的。"

西蒙·F.

小 贴 士

　　找到符合您想收纳的东西的尺寸的收纳容器（盒子、带提手的篮子……），避免无谓地浪费空间。或反其道行之：让您的物品适应收纳容器。这种方法特别适合毛巾，您可以根据收纳的容器的尺寸调整折叠毛巾的方式。

家庭基本药箱

　　孩子出生后，您可能已经养成了好习惯：把所有药品集中放在他够不到的、单独不变的地方。不过，时光穿梭，药箱快要胀破了。

　　在整理之前，还是先开始分拣：拣出过期产品，已经开封的抗生素和眼药水，以及盒子或说明书消失无踪、您无法辨认的所有零散药物。将它们一股脑全放在袋子里并交到药店①。好了，这样子您就有个重新开始的良好基础了。

———————

① 在法国，家中过期或不再使用的药物一般会上交到附近的药店，由后者统一处理。

下列信息仅供参考，可根据个人情况并咨询您的医生或药剂师后进行调整。

药品

· 和每人年龄及体重相匹配的止痛退烧药。

· 止泻药。

· 止腹痛药。

· 通鼻或清洗眼睛的小剂量生理盐水。

· 感冒时清洗鼻腔的海盐水喷雾。

· 喉痛含片。

· 缓解感冒症状的天然药物。

· 治瘀伤软膏。

· 舒解烫伤软膏。

· 消炎软膏。

· 无刺激性的消毒水。

· 擦伤愈合性软膏。

· 驱蚊虫喷雾。

· 缓解蚊虫叮咬后瘙痒的软膏。

· 提升免疫力的维生素 C。

· 促进生长的维生素 D。

医疗用品

· 一支电子耳温计。（最快捷、最方便和最有效）

· 一双圆头剪刀。

· 尺寸各异的绷带。

· 创可贴。

· 消毒敷料纱布。

· 免缝胶带。

· 扭伤时使用的自动粘贴固定带。

· 一支拔蜱虫的小钳子。（如果您住在乡下的话）

您知道吗？

美容化妆品也有保质期限：

· 睫毛膏和眼线笔：6个月

· 粉底：1年

· 眼影：1年

· 唇膏和胭脂：18个月

· 卸妆产品：1年

· 面霜：9—12个月

· 护肤乳：1 年

· 防晒霜：一个夏季

· 香波和沐浴液：2—3 年

· 香水：2—3 年

至于过期产品和您从来不用的产品，它们已经毫无存在价值了。

客厅

想象一下，您有朋友周六晚上来家里吃饭。您的第一反应是什么？翻开菜谱找找您要给他做的菜肴，还是四下瞧瞧客厅的状况？而这一下，您的目光落在了桌子上，各类文件和东西堆积如山。至于沙发，要跨过一座摩比世界玩具城堡①才能到达，而且撒满了杂志和玩具……您的家里也是这样吗？

_____

① 一种德国益智拼装玩具。

巧点子

　　眯眼测试（squint test）是设计者广泛使用的一种技术。测试是这样做的：退后一步，闭上一只眼睛，眯着另一只眼睛去观察，看哪些物体或元素突出，哪些物体或元素模糊。只要改变看问题的角度，就能发现此前沉迷于细节时未曾发现的布局和结构问题。比如在您的客厅里这样做，去搜寻重要和顺眼的东西，特别是识别气场不对的物品（那些应当收拾的杂乱东西）。这样做的目的不是追求完美，而是给家庭环境几分"简约的风格"。

合适的工具

　　·具有双重或三重功能的家具，比如，下方带有抽屉／收纳空间的矮桌，或带有储物箱的座位或扶手椅。

　　·可以适应您需求的活动式书架，比如能调节高度的书架，这样就不会浪费空间。

  ·小型橱柜、带有抽屉的收纳家具。

  ·放在窗下的带箱长凳，好处不少：1. 多一个坐的地方；2. 多一个收纳的地点；3. 用上了一处无用的空间。

  ·各种尺寸的托盘或带提手的篮子，用于收集所有散落在客厅的玩意儿：电子设备充电器、杂志、最近在读的书、遥控器……

黄 金 法 则

为了您不至于有太多的杂志，请收到新的期刊就丢掉旧的。假如您想要保留某条信息或某篇文章，撕下相关页面并收在专门的资料夹里。或者，拍张照片！

"为了方便找到数据线（特别是避免老哥偷拿我的），我在上面贴了彩绘胶带纸。"

摩甘娜·M.

习 惯 做 法

· 电视遥控器用完放在电视机下面。

· 晚上临睡前，把正在看的书或杂志叠放整齐。

· 将带到客厅的东西晚上再带回卧室，或者放回原处，好在次日早上起床时，愉快地看到客厅井井有条。

当客厅活像一间游戏室的时候

您为孩子提供了精致的卧室，可他更喜欢到您待的房间来玩，因为这个"小淘气"把您放在心上，并需要感到您的存在。如果地点是客厅而且它的面积仅 20 平方米，教会他收拾的理由就更充分了！

合 适 的 工 具

· 收纳所有东西的箱子，可以垒起来放在角落。

· 不太高的带分格的架子，格中设有带提手的篮子。

· 在您使用的家具中特意留给孩子的抽屉。

小 贴 士

通常来说，拥有大量的小型收纳容器，用来互相叠加或见缝插针地放置，要比使用诸如单一而宽阔的大储物箱要好，因为在后者中，所有东西混在一起，不容易找到想要的。

而且，不要忘记给每件物品安排一个固定的地方，并指给孩子看。

相反地，假如您有幸住在一栋大房子里，就能给孩子规划一片以地毯为界限的游戏区了，在那儿他可以把所有玩具原样留着，稍后再玩。这样他可以尽情地玩他的玩具，比方说摩比世界玩具城堡、宠物商店、拼图、乐高……假如他知道一旦玩完就得马上收拾，可能就会懒得拿出来玩了。在此情况下，晚上用屏风或帘子把所有东西都遮起来。

"为了解决客厅里玩具的问题，我们做了件很傻的事儿：把沙发拖离墙壁，在后面腾出一小片地方，晚上把装玩具的盒子放在那儿。"

西蒙·G.

"我们有一间游戏室。在楼下，我们在那里做手工和玩各种棋盘游戏，玩完之后立刻收拾。"

亚里桑德拉·L.

父母的卧室

理论上，这个房间只有两个属性：一个是供您休息以及夫妻相处的宁静港湾，另一个是收纳衣服的地方。实际上，这里常常是家里的"堆放场"：各种东西堆积如山，等待"中转"（待折叠的衣物、应该处理的文件、上次逛街还来不及收拾的购物袋、小宝贝来要抱抱的时候留下的毛绒玩偶……）。还有种种不知如何处理的东西，比如一台室内健身自行车：它在您壮志凌云或想到减肥而颇感内疚的某天买了下来，结果只用过十次，其中两次还是在商店里试用。

这个房间比其他地方更适合尝试运用极简主义的原则：仅保留几件有用并有颜值的物品。因此，在整理之前，您要重新掌控这个地方，可以拿掉一无是处的靠垫、您不再青睐或并不特别喜欢的装饰品、床边散落的杂志、装着编织用具的盒子、偶然丢在那儿的洗浴用品，等等。

合适的工具

· 带提手的大筐。

· 几个带提手的小筐，用来盛放没收拾或懒得折叠的衣服。

· 每人一个衣帽架（或一张椅子）。

· 两张床头柜，或满是收纳空间的类似家具。

· 放在床尾的带箱长凳，用来搁置处于"中转状态"的东西，并在里面隐藏或收纳一大堆东西！

· 带轮的透明塑料盒，可塞到床下，用来存放您的床上用品并为您的壁橱腾出地方。

· 当然咯，还需要配有充分清空的、带有长挂杆的壁柜和衣橱。

· 所有可以帮助您整理和重组壁柜或衣橱内部

的东西：带提手的小篮、透明塑料盒、可悬挂的布制格子或袋子、用来组织抽屉内部的分隔等。

·每张床头柜上放个小托盘，用来收集卧室里使用的必备小件：护手霜、小药瓶、充电器、药、眼镜等。

·抽屉或矮架子，可以塞进壁柜底部来增加收纳空间。

黄 金 法 则

对每类物品准备一个指定收纳地点，尤其是领带、皮带、纱巾、首饰……

"为在床下争取更多的收纳空间，我们用在网上找到的特制木垫（抬高器或加高器）把床加高。"

萨里姆·R.

"我把袜子和连身袜收在漂亮的布制褡裢里。"

雷伊拉·R.

额外奖励
首饰收纳的小窍门

"我把手镯收在一个钉着挂衣钩的架子上，把项链挂在上面。"

罗拉·B.

"我把各色耳环挂在一个被我涂成金色的废旧奶酪切丝器上。"

凡妮莎·F.

"我把一个旧的雕花木制画框的底部加上一张铁丝网，将它变成展示耳环的地方。要知道，除了用铁丝网外，你还可以用一块花边或钩织的小桌布。"

茉莉·X.

"我把手镯套在纤细的玻璃瓶上。"

丽莎·E.

"我把戒指收在制冰盒里，并放在卧室抽屉。"

宝琳·T.

> ## 巧点子
>
> 为了简化整理过程，进而简化您的生活，请尽可能限制家具或置物架上放的小摆设的数目。您可以只保留使您感到愉快的物品。

孩子的卧室

有时只需要几分钟，孩子的卧室就会变得像被5级龙卷风袭击过一样。人们无法下脚，随时会踩到翻开的书、乐高积木或毛绒玩具。这是一幅真正的悲惨景象，令我们想哭着关上他的房门，等他成年、打算去别处兴风作浪的时候再打开。

合适的工具

· 可叠加的透明塑料箱用来收纳大个的玩具。

· 透明塑料盒或柱状透明塑料抽屉用来收纳小个的玩具。

· 扁而宽的带轮透明塑料盒，用于在床铺下收纳衣物或各类棋盘游戏。

· 可悬挂的收纳网袋，不占据地面空间。

· 和您孩子身高相称的书架。

· 一个箱子或带提手的篮子，好让他晚上即刻收拾所有在卧室里散放的东西。

· 挂在床架上的收纳袋，盛放所有丢得满地都是的小东西：纸巾、书籍、眼镜、明信片、魔怪卡片、陀螺、袜子……

· 一个小废纸篓，收集在孩子床下发现堆得像山一样高的脏纸巾。

· 假如卧室够大的话，准备一张带抽屉的小书桌，桌面上配有各种小巧的收纳空间：盒子、罐子、格子、小木篮、文件格……

"宜家的舒法特设计必不可少。"

阿雷克斯·M.

巧 点 子

如果您不想把奖金花在买塑料盒上，留下您的鞋盒并从办公室带回复印纸纸盒，因为它们都是一流的随心创意收纳盒。果酱瓶也是一样，将它用来存放弹珠、贴纸或彩图胶带纸之类的小物件，再适合不过了。

3 个鼓励您孩子整理的有效理由

1. 对他说堆成团的衣服是蜘蛛理想的藏身之处。

2. 对他说在整理过程中，大家能重新找到丢失的玩具或物品。

3. 尽管您软语请求、大声要求、下命令、提建议，您孩子的卧室仍旧糟糕透顶的话，威胁他说所有丢到地上的东西都会被扔进垃圾桶。如果需要的话，把您的威胁付诸实施，将东西藏在玄关，好像要丢掉它们一样。这个做法有点蛮横，但有效果。

如果仍无济于事的话，安慰您自己说孩子可能是处于萌芽期的毕加索或米开朗琪罗，因为这类艺术家的工作室和孩子的卧室一样，都会让追求完美的近藤麻理惠气得头皮发麻。

帮助您的孩子掌握收拾的窍门

· 教他"在拿另一件玩具之前先收好手上的玩具"的规矩，特别是当这件玩具由许多小部件组成。

· 为使您孩子的卧室不至于成为"重灾区"，要求他每周一次，在他没有特殊安排的时候（通常是周末）整理玩具，并且不要违背这条规矩。

· 还要要求他早上去学校之前整理好床铺。

· 建立在暑假期间进行大分拣和每年清理物品的规矩。

· 当然家长也要以身作则，因为，如果您是最先忘记这么做的人，怎能要求他收拾自己的东西或整理床铺？

"我发牢骚！！！而且效果不错。"

艾米尔·B.

"我是乱上加乱：满地玩具、书桌上有脏盘子、垃圾桶边上是蛋糕包装纸或空盒子……我真是一个不称职的妈妈！"

玛丽·G.L.

"利诱手段：'如果卧室收拾好了，你可以玩平板电脑'，利诱条件还有看电视、吃糖等。"

安娜·T.

"实用的收纳空间和威胁的话语。"

阿雷克斯·M.

年度大分拣

·一年一度，在暑假期间，和孩子一起过一遍他的东西（衣服、玩具、装饰品……），来确定您可以丢弃或送人的东西，因为它们不再实用或不再被喜欢了。

· 以积极的方式来向他说明这件事，比如可以说，这样将为新玩具腾出地方，或者这能显示出他长大了。

· 这也是给他买件新家具或改变一下卧室装修的机会。

· 假如您有干劲又希望这些旧东西不会长年堆在家里某处，建议他把不用的玩具拿到玩具义卖会或旧货售卖市场上卖掉，同时许诺赚来的钱一半用来犒劳他的帮助（如果您想借此机会让他明白金钱的价值和如何理财的话……），也可许诺赚来的钱用来买他喜欢的东西。

· 建议他将部分玩具捐给协会组织，让有需要的孩子受益。

· 假如您的孩子舍不得处理他的东西，用个大纸箱或大袋子创建一片"待定区域"，在他的同意下，把他不再使用的东西放在里面，这样他需要或想要的时候，可以随时拿回去。不过咱们私下说的话，这个可能性极小。6个月后，您可以丢弃、出售或赠送这些东西。

"我们丢掉不能再回收利用的东西。至于剩下的，孩子装袋送给大众救援慈善组织①。出售摩比世界玩具城堡和电子游戏机，这能让他挣点零花钱买其他东西。"

阿雷克斯·M.

"我们限制生日会玩具的数目，因为我们发现他收到的礼物太多，结果他只玩了 30%。"

马丁·P.

简化孩子的任务

当您看到孩子杂乱无章的物品而感到泄气的话，想象一下孩子面对此局面的感受！所以，与其要求他一口气整理完所有的东西，不如每次交给他一个小任务，例如，"捡起所有丢在地上的书并摆在书架上。然后，我们再来收拾你的摩比世界玩具城堡"。总之，将任务分成小块，要求他从最大个

---

① 法国一家民间慈善组织，可以向其捐赠任何物品。这些捐赠品经协会义工维修和整理之后，会免费或廉价提供给低收入家庭。

的物品开始动手，然后是中等大小的，最后是诸如各种玩具配件等小东西。

即使我们的行动目的是令孩子尽可能自理，但刚开始时要毫不犹豫地给他做榜样、提建议、提供小窍门……因为，您可能已经注意到了，收拾整理并非他的天性。

还要考虑一下人体工效学！如果孩子的床紧贴着墙，您怎能要求他铺好床铺？或是，如果他得去搬个垫脚凳才够得着衣橱隔板的话，他怎能把东西整齐地收在衣橱里呢？因此为使孩子能参与整理，请合理布局家具，别让这些家具成为他参与整理的阻碍。

"我明白了！孩子不收拾，经常是因为他不知道如何着手或是不知要将各种物品收在什么地方。这改变了我对这些事情的观点！于是，我给每类玩具做了一个上面带有它们照片的收纳格。奇迹出现了！"

缪丽尔·I.

习惯做法

每次换季时，对孩子的全部衣物进行分拣，最好是和他一起行动，来决定哪些变得不合身、哪些沾了污迹、哪些破了洞，并为新衣服腾出地方。这种情况下，把他所有的衣服摆在地上，并和孩子一块儿逐件审视，将它们分成"保留""赠送"和"丢弃"三堆。

"全家一起分拣，一起试穿。好不有趣！"

诺文·B.

最后，当您孩子像个模范小男孩或模范小女孩般收拾好卧室之后，别忘了热情地祝贺他，即使收拾的结果不如您期待中的那么完美。此外，万一您蠢蠢欲动，也不要去收拾最后一本散落的书、抚平床上最后一丝折痕或把毛绒玩偶塞在枕头下，因为这些看起来无关紧要的小举动会给他发出"可以做得更好"的信号，这样做很打击他的积极性。而且，千万不要打开他的衣柜或壁橱看。我们要关注的重点是卧室目前的状况（卧室被收拾过了），而不是藏起来的东西。

您家小天才创作成果的整理

在学校、托儿所、创意手工作坊，孩子会制作各式各样的手工，而这些手工作品源源不断：成功或不成功的、有用或无用的作品，像雪化后的激流一样涌进家里。作为模范家长，您早就明白用夸奖的方式激发他自尊的重要性，因此要尽可能地使用或展示他的作品。可是，作品太多了，多如牛毛！

幸运的是，存在一种叫"展－决－弃"的方法。这是一种被称为"展示、决定、丢掉"的简单办法。具体地说，当您孩子送给您他的最新作品时，必须在事先选好的地方展示它，并替换上一次的作品。对于被替换的作品，与其把它收在壁橱里，20 年后才拿出来，不如和您的孩子一起决定如何处理它。如果他还小，他肯定想留着（哎哟，不妙）。然而如果他比较大了，他可能想丢了它（太好了！）。更可能发生的情况是他想保留，那就将它和等待某天被处理掉的其他"杰作"一起放在一个专门的纸箱里，并希望当孩子看到其中某些作品后，这期待的"某天"会早些来临。

习 惯 做 法

利用暑假对他的作品进行一年一次的分拣，借口说随着时间过去，他变得越来越有才——对孩子百试百灵的借口。此外，您或许会惊讶地看到，他自己丢掉了3年前画的图画或做的手工，而且他会觉得那时的作品真"差劲"或是"难看"。

真有出色的作品（是的，因为这是会出现的）的话，必要时用画框保护起来，在专用的墙上或架子上展示它。在这种情况下，也可像在正儿八经的展览中那样"轮展"作品。至于实用手工作品，假如您真的喜欢，就用呗，甚至为它找到一些设计之外的用途。

尽管做了这一切努力，作品还是太多的话，鼓励您的孩子把他的作品送给其他人，尤其是家庭成员，用于庆祝他的生日或在某个特殊的机会下送出自己的作品。这会令人开心，特别是那些倾慕哥哥姐姐才华的弟弟妹妹们，或者上了年纪和不常走动的亲戚，他会很高兴别人想到了他。

"在展示新作品之前，我们把旧的（特别是占地方的物品）拍照留念，同时要求孩子像艺术家似的在作品前摆姿势。这是一件极好的纪念品！"

威廉·S.

巧点子

为避免把墙壁变成千疮百孔的奶酪，在墙上挂根线，用涂成五颜六色或贴着彩色胶带纸的木头衣夹来悬挂您孩子的画作。要不然，将它们收在一本图画簿（大艺术家的范儿！）里，放在客厅供人随意翻看。如果太多的话，用电子相册来分类："我的幼儿园大作""我的小学大作""我在小设计师作坊的大作"……

最后咱们来谈谈您的小运动家近年攒下来的奖杯、奖章和其他奖品要怎样处理。这些物品未经孩子同意就处理掉是不可取的。不过这些玩意儿多占地方啊！清扫起来多么麻烦啊！因此，建议您孩子把它们收在盒子或纸箱里面，并许诺为他拍摄一张他站在所有奖品前的气派大版照片。如果您手巧的话，这里还有另一个收纳这些物品的不错办法：将奖牌从底座上拆下来，并粘贴在木相框里，令他可在卧室里自豪地摆出来。而奖章的话，可以挂在您孩子的床沿上，假如他够高的话，系在他卧室里专门为其安装的毛巾杆上。

"与其保留我家孩子的旧手工，我通常会把它们拍照并存在电脑的专门文档里，作为留念。"

劳拉·G.

"我把孩子最漂亮的画印在了 T 恤和马克杯上。"

尼古拉·L.

"我等我家的那位艺术家想不起来他的作品的时候，再处理掉它们。"

伊莎贝尔·L.F.

第五章

任务：清洁

本章开始之初，让我们先来听听一位热心
为本书提供意见的妈妈的发言，而且她完美地
概括了我们所有人的感受：

　　"无休无止而且……令人沮丧的家务事，
这使我全身无力，而且我发现它对我有负面效
应……当我环顾四周，发现自己被脏乱的环境团
团包围时，我变得不易亲近。这类重复性的清洁
工作破坏了我的创造性和正常的生活。"

清洁在父母苦差事排名榜上能排第二位（仅次于洗衣服）。而且您必须认清的是仙女们带着她们超级可爱的动物，一边快乐地哼歌一边打扫卫生的情形纯属虚构，因此我们必须找到其他办法来简化家务。

合适的工具

准备些多功效、天然的产品：白醋、小苏打，这样避免您有成堆不同的产品，最后塞满您的架子，还沾满灰尘。而且，这对地球和您的钱包都更有益。

· 一本了解如何巧妙使用家中常见生活品的参考书。

· 亚麻油黑肥皂[①]。

· 清洁海绵。

· 超细纤维类抹布或羽毛掸子，方便掸灰。

_____

[①] 法国传统的有机家用清洁剂。

· 清洗地面用的毛线拖把。

· 长柄扫把和簸箕。

· 清洁洗澡间玻璃隔断的小刮板。

· 抹布。（或剪成几块的旧棉质 T 恤）

· 小桶。

· 脸盆。

· 吸尘器。

您对一台智能吸尘器心动了？这在理论上很诱人：您按下按钮，就可以不管它，由它自个儿干活了。实际上，对它的意见众说纷纭：

"我买了一台试了试，立马就转手了。它不适合家里太乱或有宠物的人家。"

本杰明·B.

"太棒了。你离开时家里脏兮兮的，回来时焕然一新。"

帕斯卡尔·C.

"再也没有胖猫留在白色地板上的毛球了！"

法妮·C.

"不好说！对我来说，这是一种补充手段，因为必须抬起所有窗帘，拿开会碍事的所有椅子、地毯、玩具等等。"

菲米内儿

"对房间角落和家具下面的清洁不如预期。"

瓦雷莉·L.

您 知 道 吗?

"有点脏"的状况要比"极其脏"更快、更容易搞定。因此，快速完成家务的秘诀，就是尽量经常做家务，哪怕是每天10分钟。这对厨房、浴室和厕所这些家里最常使用且最容易变脏的房间尤其有效。所以，利用我们的间歇去清洁一样东西：洗脸盆、淋浴间四壁、刷牙杯、厨房料理台、烤箱表面等。

为了使这些操作变得简单机械，并尽量减少来回折腾，请将您清洁家中每个关键地方需要的产品和工具放在一个盒子、篮子或脸盆里，不排除其中某些用品需要购置双份或三份。多花点钱来充实装备很有必要，特别是当您住在一所大房子里时。

减少家务的 3 条黄金法则

1. 回家时脱鞋，避免鞋底带回的东西弄脏玄关和污染家里其他地方。如果您没有专门的家具，在玄关长凳下面放一个漂亮的箱子或带提手的筐子，让每人都可以方便地收纳鞋子。这种情况下，为家庭成员和来客预备男式拖鞋、女式拖鞋、鞋套或毛毡鞋垫。

2. 禁止在卧室、客厅吃东西，除非食物在桌上或托盘上。这样可以大大避免食物残渣和污渍到处都是。

3. 建立"谁用了杯子，谁立刻清洗"的规矩，避免它被任意摆放。要不然，您可以试试"谁用了杯子，就用它一整天"的规矩，不过根据经验这种方式更难实施，因为这样要求每个人得随时当心，避免找不到杯子或无意间和别人换了杯子……您也可在杯子上贴一小段装饰胶带，每人选择他喜欢的贴纸，这样就不会和别人弄混（每人固定一个图案）。

巧点子

高频率进出、高强度使用、不时遭受油脂飞溅和各类食物碎屑喷射，厨房真是一处高危之地。所以，当您做饭时，将水槽注满热水，滴几滴洗洁精，准备用清洁海绵随时擦拭厨房不同地方和用具（切菜板、刀具、锅铲、海碗……）上出现的污渍。当然咯，再预备一块专门擦地的清洁海绵。这很简单，但能节省大量做家务的时间。

浴室中的霉斑清洁起来实在痛苦，为了避免其产生，每次用完淋浴间，用软刷刮去四壁的水渍或用干抹布擦拭，然后拉开浴帘或拉门散发水蒸气。天气好的话，敞开窗户。天气不好的话，打开浴室的门透透气。

您最好的帮手？您的孩子！

要知道，孩子特别喜欢模仿父母，哪怕父母在做清洁时，也是如此。交给他这项任务，仿佛您委派一位超级英雄，附带一套特别行头（一件小围裙和塑料手套）和专用武器：一条神奇抹布（超细纤维万岁！）、一块清洁海绵、一支鸡毛掸子、一把小扫帚和一个小簸箕……至于大点的孩子，交给他"吸尘器任务"，因为他很喜欢用……至少在刚开始的时候，或者可以逗猫玩！

"为激励孩子做家务，我们组织了看谁最快完成分配给他的家务的竞赛，还放了音乐来鼓励他。当然咯，结束后我们用椅子和板凳临时做了领奖台，举行颁奖仪式。"

保罗·L.

6 岁以上的孩子可以做的家务，如：

· 摆放餐具。

· 收拾饭桌。

· 将脏盘子放入洗碗机。

· 收拾玩具。

· 掸灰。

· 刷马桶。

· 给植物浇水。

· 擦拭架子上的灰尘。

· 铺床。（不要苛求或期望床收拾得很整齐）

· 擦干餐具。

· 收拾干净的餐具或清空洗碗机。（当心刀具和其他尖锐物品）

· 清洁浴室洗脸盆。

· 用后清洁洗浴间地面或浴缸。

· 用后清洁洗浴间四壁。

· 扫地。

· 捡拾花园里的落叶。

· 收拾采购回来的物品。

· 使用吸尘器。

· 清洗汽车。

为了令清洁的活儿变得自然而然，创立每天、每周、每月、每年的习惯性家务。然后，估算它们的耗时并根据孩子的年龄、自理能力、空闲时间，正式分配给他，同时当然要注意，任务分配从长期来看不偏不倚。然后，将其公布出来，把日常家务贴在诸如冰箱门等人人可见的地方，以防止有人说"对不起，我忘记了"，并把不那么日常的家务事（每月和每年做一次的）列在家庭备忘录或家用文件夹里。

如果有人不愿意做或发牢骚，与其强迫他去做（这可能没有效果），试试反其道而行之：询问您的孩子他更愿意如何每天、每周、每个月和一年一次帮助您，并据此拟定您的"家务计划表"。一般来说，孩子因为有了选择，会更主动一些。

另一个办法是让孩子分摊工作：在小纸片上写下各种家务，在盒子里混合，然后任挑一个孩子来抽签。或者搞一次抽彩活动！复印下页的轮子和箭头，贴在硬纸板上，剪下来，将箭头用别针固定于轮子中央，填满空格并让每人来转一下。然后还是那句话，接受命运的安排吧！

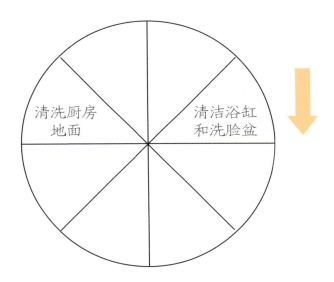

习惯性家务的几个例子

本章结束之前，下列是供您参考的几项习惯性家务。不过，这不妨碍您想做家务的时候自己动手。错过这么难得的机会，可太傻了！

每日家务

·早上离家前收拾床铺。

·清空洗衣机、洗碗机等家用电器。

·收拾干净餐具。

·晾洗好贴身衣物。

· 查看是否有需要折叠收起的衣物。

· 需要的话，倒垃圾。

· 清洁洗脸盆。

· 清洁厨房。（料理台、水槽，有必要时清洁地面）

· 收拾丢在地上的东西。

· 将在家里乱放的东西放回原位。

· 把脏衣物放到脏衣筐而不是让它们在卧室地上"躺"着。

每个房间每周做一次

· 将长沙发（或其他地方）的靠垫拍打复原。

· 从上至下掸灰。

· 吸尘，不要漏过角落和踢脚线。

· 擦拭镜子。

· 卧室换床单。

"我在别无选择的时候才做家务！！！而且我招募'有志之士'来加快进度。"

伊莎贝尔·L.F.

"我的招数？无非是放点音乐，再带上孩子……一起来加油。"

茉莉·L.

您自己的每个月、每两个月、每季度、每年……的习惯性家务，您自个儿定！

什么家务？	何种频率？
分拣报纸杂志	
清洗玻璃	
分拣药物	
分拣美容用品	
洗窗帘	
清洁地毯	
清扫家具后面	
清洗被子和枕头	
清洁冰箱冷藏室	
清洁冰箱冷冻室	
清洁厨房内橱柜	
整理衣柜	
清理蜘蛛网	

"大扫除" 特别秘诀

如果您不是遵守计划的类型（更别说制订它们了），而且更喜欢时不时来个大扫除。没问题，我们帮您找到最适合您的清洁方式。

以下是如何让一次清扫更快捷、更高效、更愉快的方法。

· 穿着舒适且耐脏，将您需要的所有清洁剂和工具放在一个小篮子里，方便随身携带，再把音乐音量调到最大。

· 将手机关机并要求不受打扰。

· 给每个房间的清洁限时，并设置闹钟来遵守。

· 先从浴室开始，给清洁剂充分时间发挥效力。

· 按从上至下、从较脏到不太脏的顺序进行清洁，好避免弄脏您刚清洁过的地方。

· 想要速度更快，左手清洁、右手擦拭。

· 以浴室收尾，将您刚才留下来发挥效力的清洁剂冲洗干净。

第六章

任务：学校

▼▼▼▼▼▼▼

夏天接近尾声的时候，大家在放松、伤感和焦虑之间摇摆不定。放松是因为您不再需要亲力亲为地全天候照顾孩子；而伤感和焦虑的是您在上班的同时，还要准备、计划、组织照看孩子的各种事情。

　　开学意味着一切的重新开始：一早起床、急急忙忙地出门、在一个孩子的家长会或另一个孩子的课外活动之间疲于奔命、各式各样承诺孩子要去完成的事、例行体检、晚上回家的紧张忙碌和辅导孩子作业……而每年都是如此，我们喃喃自问，怎么能顺利渡过这一切，特别是如何才能给自己也留点空余时间。

开学的疯狂

　　为避免您从度假的海滩突然"穿越"到人流满满、大家神经紧绷的城市中心而产生沮丧的情绪，应该尽可能事先对每年这段时期出现的各种事情做好计划。

从容开学之计划

六月

· 重新规划孩子的课外活动，如果他想尝试新的活动的话，您就要开始了解这些活动了。

· 可能的话，从现在开始找医生出具运动许可证明，接种疫苗，做有关牙齿、视力和其他项目的年度检查。

七月

· 分拣孩子的文具，看看哪些可以回收使用、哪些未曾用过和哪些要更新。

· 购买孩子将要用到的文具，当它们在商店一上架时就去买，这样能有更多选择，并避开开学季的人潮拥挤。要不然，在网上订购也行。

· 为了确保购买文具尽可能高效（且划算），独自一人去采购，不要让孩子参与，哪怕以后和他一起逛商店，只让他选择一两件特别用品，例如备忘录、笔盒、书包、一个好看的文件夹……

· 给您孩子的文具（特别是铅笔）购买个性设计的自动粘贴标签，并要求他自己贴上（给他点儿事做）。

　　"我们只在真正需要的时候才买文具。因此，一般来说，书包用个 2 至 3 年，文具盒用 2 年，彩色文件夹或文件袋也一样的……剩下的，我们只看最便宜的。这样我可以省钱，并能一个人去采购，因为孩子不想为了买些草稿本或透明的文件夹这类便宜的文具而在商店里消磨时间。"

丽兹·M.

　　"因为我讨厌在商店浪费时间，所以我在免费送货而且不合适就能免费退货的网站上订购衣服、鞋子、体育用品。"

莉娜·R.

八月

　　·分拣您孩子的衣物：丢弃有污渍、撕破、变形的衣服。赠送或出售太小的衣服。

　　·详细地列出他接下来几个月需要的衣物。

　　·学校和课外活动需要的体育用品要在专业商

店一上货架时就去购买。（一般是８月中旬，而且常常会搞促销）

· 开学前一周，逐步把孩子作息时间调整到开学后的时间，避免开学当天出现紧张的尖叫。

· 带孩子去理发。

九 月

· 开学当天要陪您孩子去学校，因为这天对他如此重要！同样地，尽可能避免这周给自己安排约会，好利用这段时间填写各种最后要交的表格、采购要您额外准备的文具、给课本包书皮、对付突发事件……

· 将孩子的新日程安排表贴在冰箱上，这样可以帮您快速适应新的生活节奏。

· 一旦知道了孩子的日程安排，包括上学和课外培训，联系您的父母、邻居、孩子伙伴的父母来安排他的接送。

· 可能的话，９月的周末不安排任何活动，因为它们很快就会被学校或课后托管中心的开学庆祝会、各协会的介绍活动、足球俱乐部的旧货售卖会、夏天过生日的孩子补开的生日会……挤得满满的。

　　·在您的备忘录上，记上下次假期的日期并开始考虑您在国庆节、寒假……如何安排孩子。

　　"鉴于我可能要在两个晚上包完至少20本书的封皮，我打算买现成的优质封皮，它的材质和平整度很好，还有带书角粘贴的功能。虽然这些封皮有点小贵，不过当你发现时间节约了不少，那完全是值了！"

罗姆德·V.

早晨的疯狂

　　"妈妈，我的数学练习册在哪儿？""老师说，您需要为我准备下午的点心。""爱蒂欧在哪儿？什么？还在床上？""天哪，已经7点半了，我们要迟到了！"类似这些场景您应该似曾相识吧？正常，孩子都是这样的！

合适的工具

　　·每人配上一台闹钟。

· 厨房一个挂钟。

· 一个带 6 个隔间的收纳柜，您在里面塞进他上学要穿的所有衣物，一天的衣物占一个隔间，第 6 个装运动服（或其他服装）。

· 方便穿戴和系扣的衣服，让您孩子尽可能自己穿。

灵敏的反应

做到因地制宜……为了避免出现早晨的疯狂局面，要做好"战略"和"战术"安排。

· 根据您的生物钟（随着时间推移，您应该开始有点概念了……）来安排。简单地说，如果您晚上睡得晚，利用这个时间尽可能做点事，加快进展。如果相反地，您习惯在大家之前早起的话，把许多要做的事儿放到早上做，让您的晚上轻松一点。

· 计算您家里的每个人每天起床后需要多长时间做好出门准备（因人而异，且会很不一样），据此固定起床时间并严格遵守。

· 在出门前预留 10—15 分钟的安全时间。

· 只要您的孩子没有百分百准备就绪，不许玩游戏、看电视或进行其他消遣活动。这可以推动他加快准备。

· 为在早上能节约时间，让孩子在晚上做好第二天的上学准备。（他的书包、运动包、点心、次日的衣着……）

· 即使这看来有点"军事训练营"的味道，还是要给每件任务规定时间……并在您手机上定好闹钟。

· 紧急情况下，甚至得省掉一件要做的事儿，宁可忘记梳头发，也不要落下早餐，因为孩子的头脑和身体都处在正在发育的状态，吃早餐是必不可少的。最糟的情况下，给他一块面包和一盒橙汁，让他在上学的路上吃。

· 在玄关集中所有你们出门时要用的东西。

从容一些!

不要一下子翻天覆地地改变您的安排，特别是在学期中。最好逐个尝试您的新点子，定期评估每个新点子的效果如何。这也将给每个人逐渐适应的时间。

一些建立习惯的好点子

以下列举的几项任务可以夫妻间（也可以和孩子）一起分摊。让做这些任务成为您早上的习惯。当然，有些任务也可以晚上做。

· （总是同一时间）起床。

· 喂猫。

· 洗澡穿衣。

· 吃饭。

· 准备孩子的早餐。

· （总在同一时间）叫醒孩子。

· 整理床铺。

· 计划晚上要洗的衣物。

· 检查孩子是否穿好衣服，梳好头等等。

3 件大大节约时间的法宝!

· 为了妥善处理学校、托儿所或课外活动机构的各种纸质文件，给每个孩子预备一个标有名字的小篮子，放在玄关或厨房的某件家具上面，并要求每个孩子：1.晚上在其中放入他从学校或托儿所带回来的各种纸质文件; 2.早上查看是否有要带走的东西。

·为避免系鞋带带来的麻烦, 可将孩子的球鞋鞋带换成无须绑系的弹力伸缩鞋带。

·可为孩子准备一个定时器来代替闹钟, 让他更清楚地了解自己所花的时间。

> "我俩早晚都有明确的任务。早上, 是我老公来准备早餐, 同时, 我检查孩子是否穿好衣服。至于孩子, 他们得整理床铺并把睡衣塞到枕头下。晚上, 是我来检查作业是否完成并帮孩子准备第二天需要的东西, 同时, 我老公做晚饭。孩子则是把他的东西从客厅或厨房带回各自卧室。"
>
> 克里斯蒂娜·B.

> "我早就放弃了要让我家孩子完美无缺的想法。我会去发现他的优点, 比如他早上会自己穿衣服。当然我会迅速检查一下, 保证所有的衣服都没穿反、先后顺序正常、没有出现室外

气温 18 摄氏度而他穿着大衣出门，或者穿着不
配对的鞋子等情况。"

阿玛利亚·G.

"星期天，大家一起准备下周的衣服。衣架
上标注'周一''周二'…… 大家一起做决定。
如此一来，早上只要取出当天的衣架，再也不
用浪费时间磨嘴皮了！！！"

席琳·F.

"我把化妆品带到厨房，在为女儿准备早餐期
间化妆。总之和平常一样，我一心数用。"

莉娜·V.

"我对付早晨'疯狂时刻'的法宝是把厨房
挂钟往前拨 10 分钟并教会大家看时间……晚上
这样做，效果也同样不错。"

贝塔·L.

"我撒手不管，和自己说假如孩子偶尔没刷

牙或没梳头就去上学，没什么大不了的。"

诺奥米·B.

"6点30分闹钟响起，在催孩子起床前自己先洗漱。然后，7点叫醒孩子去洗澡穿衣，7点30分吃早餐，7点50分开始刷牙，8点出门。这看来有点军事化，但不这样就会一团糟。自从我设下每个时间段的任务，一切变得极为顺畅。"

缪丽尔·I.

晚上的疯狂

　　从应对的困难程度上来看，孩子的父母会觉得晚上超过了早晨，因为他们下班回来已是筋疲力尽、神经紧绷，还得面对想法很多且还要做作业的熊孩子，且不提还要思考晚上吃啥、昨天的衣服洗了吗等等的事儿……所有这些都发生在非常紧凑的一段时间内。为了让自己没那么匆忙，以下的建议或许能助您一臂之力：

　　·和起床时间一样，明确孩子上床睡觉的时间。然后要求他遵守这个时间，要求所有的活动和该做的事情都在此之前结束。

· 请保持坚定不变的态度！即使他泪眼盈盈地看着您，也不能破例。

· 花点时间来考虑如何组织您的次日安排。要确定优先事项，哪怕将不那么重要的事儿推迟，也要有足够时间做您的事儿以及应付突发事件。同样地，考虑一下在您看来重要的事：女儿的头发梳得漂漂亮亮，还是早餐桌清理得一干二净？

· 请洗好头发，避免在早上洗头耽误时间。此外，为简化您的生活并节约时间，请选择早上容易打理的好看发型。

· 像为您孩子所做的那样，准备好您的全身穿着（衣服、配饰、鞋子、外套等）并在手提袋里放好您白天需要的一切：交通卡、眼镜、钱、手帕……

小 贴 士

为避免出现您忙完一天还得临时做饭的情况发生，提前在周末烹饪大量美味的家常饭菜，全都冷冻起来。

　　而且，别忘了降低您对他人和自己的
要求。

一些建立习惯的好点子

　　以下举例的几项任务可以夫妻间（也可以和孩
子）一起分摊。让做这些任务成为您晚上的习惯。
当然，有些任务也可以早上做。

- 晾衣服或整理衣服。
- 辅导孩子做作业。
- 遛狗。
- 做饭。
- 带大儿子去参加篮球训练。
- 监督年幼的孩子洗漱。
- 接回大儿子。
- 和孩子简单回顾当天的情况。
- 用餐。
- 收拾和清洁厨房。
- 了解次日的一切事宜。

· 如有学校的材料，阅读并签署它们。

· 准备次日的穿戴。

· 准备书包和运动袋，并放在玄关。

· （总在同一时间）督促孩子睡觉。

· 需要的话，为孩子准备睡前的小仪式。

巧点子

假如您的孩子还需要您晚上在睡前讲故事，如果可能，将这活儿交给一个大些的孩子。这能使他感觉很自豪并使兄弟姐妹间感情融洽。一旦小点的孩子会识字了，给他一些简单的书、杂志或漫画来鼓励他自己看。

"我承认，有时晚上我们就简单吃些煎烤火腿、芝士三明治。特别是在还有辅导作业等其他优先事项的时候！而且，我每周二晚上还要去健身。因此，家里到处都是猫的毛，无所谓啦！"

克莱尔·M.

小 贴 士

您或许在孩子尚小的时候就在专业书籍中读到过以下内容: 请记住睡前仪式的时间必须是固定的, 不能太长, 避免带孩子睡觉的时间点被一拖再拖。如果坏习惯已经建立, 利用假期进行调整。

请记住每个家庭各有千秋, 都有它自己的要务、仪式、重要事项、生活节奏……因此, 由您来找到您自己的、符合您习惯的运行方式, 并在您全家之间合理分摊任务。然而, 所有家庭行之皆准的成功秘诀, 都是稳定性。换言之, 您一旦找到了最适合你们的组织方式, 绝对不要去违反它, 除非某个家庭成员的时间安排发生变化, 又或者是出现绝对紧急的情况!

孩子的作业

辅导孩子做作业是父母的一个绝对"噩梦时

刻"，特别是当父母两人都是上班族，在一天结束、大家都累得趴下之际来应对这一刻的时候。最简单的办法是像不少父母最近采用的做法：放手让孩子自己应付，如果他拿回家的成绩不理想，就批评他。有道理，可是——我们不是这样的家长啊！我们想要帮助他，想给予他走向成功的钥匙。于是，我们密切（有点太密切了？）关注他做作业这件事儿。

父母们……正确行动指南！

以下几条经过这一方面的专家认可的建议，促使辅导作业尽可能顺利进行。

· 根据大家的时间安排，确定孩子做作业的明确时间和时间段，并将其纳入全家每周的规定动作中，不可动摇也不许讨价还价。

· 避开风险时段，比如学习任务超负荷的日子或您的孩子饥肠辘辘的饭前时间！

· 每周五做个情况分析，看看您孩子接下来几天该做些什么，他的老师是否布置了需要一周内分段完成的作业。

·填写每个孩子的每周作业计划表来帮助他进行自我组织。

·让您孩子在良好的条件下学习：环境安静，光线柔和，一把舒适的椅子……

·设定时限，免得你们疲倦，而且遵守这个时限，哪怕得另找时间继续做练习或学习功课。

·尽量在您孩子不累的时候做功课，因为思考、比较、推理……得耗费他不少精力。

·帮助您孩子找到他的学习方法和节奏，不要将您的习惯强加给他。

·与其因为他不会做的事情或是他不明白的问题去批评他，不如赞扬他会做的和他明白了的。总之，保持积极态度，因为对孩子来说，没有比这更能鼓舞人的了。

·与其在他成绩不好的时候批评他，不如试图了解情况，帮助他改进。

·如果您抽不出时间辅导作业、如果您没什么教育方法、如果您的脾气一点就着，又或是由于教学方法和术语令您对此毫无头绪，可将这项任务外包给大学生、退休教师。

· 赋予您孩子做作业的意义，向他指出所学知识在你们的日常生活中的具体用途，当然您也不必将和他一起的每个时刻都变成学习时间。

· 通过带他去看展览使他发现新的乐趣，和他一道分享您的爱好等，培养他的好奇心和求知欲望。

· 若孩子有一些心理方面的问题，和他的老师交流，不要忘记，他们或许比我们更专业！

从容一些!

是啊，现在真不容易！是啊，前途茫茫未定！是啊，如今回头看看，您后悔当初在学校未曾更用功一些。是啊，您想给他尽量多的胜算。可是，这些并非对他施压的理由！学校可能已给了他压力，而且他如此想不负您的期望，肯定已给自己不少压力了。所以，大家都深呼吸并放松。一切都会顺利！

专家建议

既然谁都没有神奇法术，让我们将发言权交给对此了解最深的人士: 教师和家长。

教师们的建议

"面对我教的大班孩子，我只布置假期作业而且总是同样的内容: 玩得好、睡得好、吃得好、休息得好。我还补充一句，如果这项作业做得好，我保证你们在假期之后都会长高！！！"

萨宾娜·B.

"我作为低年级老师的建议是: 在家最多花10—15 分钟重温课堂内容。"

艾米莉·B.

"我建议二年级孩子做作业的时间不超过 15分钟，如果做不完（比如说背诗歌），我建议第二天再做。"

摩甘娜·D.

"学习在课堂进行，而晚上特别看重的是复习。不过，如果孩子要求的话，可对课上讲的内容来个补充练习（不超过30分钟）。"

玛丽娜·C.

"我是四年级老师。家长应该陪伴孩子学功课，引导他。但是，如果家长在这上面花的时间过长，或成为家庭冲突的根源，应该和老师联系。我建议每天学习十几分钟来激活孩子的记忆。"

缪丽尔·L.

"在身为小学高年级老师的我看来：小学期间无须书面作业……国际评估靠前的国家（瑞典、芬兰、挪威、冰岛……）杜绝了小学、初中和高中的作业。而理论上，他们的学生并不比我们的愚笨！结论是：无须书面作业，要做的就是朗诵各类诗歌、进行趣味阅读、唱歌……而且不超过15分钟。我们的小孩晚上回到家里，和他们的爸妈还有其他事儿要做！"

洛朗·D.

"我是五年级老师而我给学生很少的作业。我尽量周五布置整周的作业,每天做作业时间不得超过5—10分钟。我得和家长理论,让他们明白多布置作业没有好处。布置作业主要是让家长能和孩子讨论课堂上的内容。这并非一种学习。不应当忘记小学的孩子每天要上6个小时的课,而您还要他在家里继续上课!是您的话,您愿意吗?"

伊莎贝尔·L. F.

家长们的建议

"如果您孩子有书面作业而他做不了的话,我的建议是替他完成作业。神不知鬼不觉,就骗过去了。我在每次放假前都替我闺女们做作业,因为看到她们在刻苦学习了一段时期后,还要继续涂涂写写,这让我烦透了。"

克里斯·B.

"下班后我会花点时间和孩子一起减压，然后再尝试做作业……如果孩子的爸爸在家的话，我们会轮流上阵！"

诺文·B.

"我请了一个看孩子的临时工，每周来两次。这样有两天我的压力会小一点。"

玛丽·G.L.

"当我看到孩子累了或不在状态，我们就停下来，或者做些比较简单的或他更愿意做的事情。"

玛里恩·L.

"我将这项工作成功交给了一位希望能重操旧业的小学老师，因为孩子和我在一起时经常吵架。"

娜特·E.

"我个人觉得作业太多了。这取决于班级和老师，不过坦白说，这经常令我受不了！我宁可我女儿读读书、看看电影、去博物馆……"

亚里桑德拉·L.

"我选择了托管中心的作业辅导服务。"

莉莉·C.T.P.

迈向独立

当您的孩子读初中了，您会发现他做作业的时间会越来越长，因此和您自己的时间安排越来越搭不上，最终还是应该让您孩子自力更生。当然，孩子的学习上有麻烦或问题，需要专人辅导除外。

方法

·请等您孩子掌握了读写能力之后，再建议他自己做作业，可以试几个星期看看情况。

·让他放心，告诉他需要的话，您总是会来帮他的，不过，必须他来向您提要求。

·如果他接受的话，预先告诉他的老师，避免老师对孩子可能出现的学业上的变化感到惊讶，并要求老师在孩子学习成绩严重滑坡的时候通知您。

·周末的时候，和他一起看看哪些是该做的作业以及该如何来做。然后，放手让他做，只在快结束的时候，偶尔来看看是否一切顺利。

·假如您采取完全自主的政策，即做作业的前后过程都不管，而您的孩子忘了（无论是真忘还是假忘）做作业，让他自己和老师交差。

·如果他有点不知所措，让他再自己做一段时间的作业，给他一些窍门和建议，来好好计划和学习。

·如果他学习上有点落后了，不用担心，这很容易赶上，而且在他学生生涯的这个阶段，这个经历很重要。

·如果他的学习成绩严重滑坡，请态度平和地"收回放松的缰绳"，等他长大一些再重新放手试试。

·表现出您对他有信心，并通过赞许的话来鼓励和推动他。

额外奖励
每周作业计划表

	周一	周二	周三	周四	周五	周六	周日
需要准备的考试							
待做的练习							
需要掌握的课堂知识							
需要准备的报告							
需要阅读的文章或书籍							
其他							

在相应的格子内记下科目名称。如果您的孩子分段完成某项作业的话，将其用黄色荧光笔标出，或在交作业的前一天用红笔写下来。

课外活动

　　课外活动能使孩子暂时脱离学校紧张学习的环境，给他一些展现其他才能的机会。它也促进了孩子的体能、智力和情感的发展。而且，它还促使孩子更好地认识自己、更加自信并明白勇气、坚持、互助等概念的含义……因此，让他能参与各类课外活动，来给他提供尽可能多的可能。

小 贴 士

我们都想让我们的孩子充分成长，学习大量新事物。然而，这意味着每个傍晚您都要在各种活动之间穿梭，一切都匆匆忙忙，夹杂着压力和提高嗓门儿。或许是您孩子的课外活动太多了。因此，是时候重新组织或减少这些课外活动了。

正确的态度

根据哪些标准来选择一项课外活动，令它完美地融入您的计划之中？

· 如果您的孩子没有要求，不要强行给他安排一堆课外活动，特别是在您的其他孩子已有不少活动的情况下。

· 可能的话，让您孩子选择和他兴趣合拍的、而非您从自己的爱好或功利角度考虑的课外活动。

· 如果他还太小，无法自己选择，利用经常免

费提供的"尝试环节"，让他对您建议的活动有个
概念。如果他不喜欢，不要坚持。

·在给他选择一项课外活动时，要考虑它对您
产生的所有影响。

·挑选您家附近的课外活动，方便您接送，或
者当他再大一些再报课外活动班，以便其可以独自
来回。

·同样地，为了方便您的管理，如果他要求的
话，选择他的伙伴也参加的那项课外活动。不过，
千万不要以为您找到了一劳永逸的万全之策，因为
他们中的一个可能(很有可能)先厌倦了这项活动。
不过，目前来看，这样做很方便。

·不要让课外活动过多地占据时间，不管怎样，
都不该影响你们全家团聚的时刻。

"最好是做得少，但是做得精。应该重质不
重量，选择适合孩子的课外活动。至关重要的
是，首先他要玩得开心。"

碧翠丝·C.R.

从 容 一 些!

　　假如您发现孩子对此没有兴趣，不要坚持，特别是他还小的话。如果他年龄大些，身体上没有不适并且起初是他要求参加这项课外活动的话，要他坚持到课程结束，这样可以教导他坚持和承诺的意义，尤其是在孩子从事集体运动的情况下。

在为您孩子注册课外活动之前，应当向自己提出的问题

　　·每次训练活动的时间和集体演出、竞赛、比赛的时间安排是怎样的？是否符合全家的时间安排？

　　·作为父母，我们在其中要承担的角色？是管理者、监督者、接送者还是其他？

　　·训练或上课的频率如何？每年如何演变？了解这些是因为到初中后，有些课外活动，特别是体育类或音乐类的活动，会双倍甚至三倍地增加。

·装备的费用如何？是否要经常洗涤？是否要经常更新装备？如果是的话，您会每年批量采购吗？

·如何解决接送问题？走路、坐公交还是开车？谁来负责接送？您自己、您的父母还是看孩子的临时保姆？他再大一些的时候，可以独自来回吗？能否和其他家长建立一个"汽车共享"机制？

限制条件很少的课外活动范例

·国际象棋。

·唱歌。

·绘画或手工。

·攀岩。

限制条件较多的课外活动范例

·冰球。（而且，一般来说，罕见的运动项目都需要长途跋涉去参加比赛）

·马术。

·乐器弹奏或舞蹈。

您知道吗?

无所事事也是一种活动，因为它让人放松，将心神集中到自身和自身愿望上，天马行空地思考，并发挥自己的创造力和想象力来消磨时间。一句话，"啥也不干"或"发呆"或许对父母而言是可怕的，但对我们孩子精神上的健康是不可或缺的。

而您这一方面呢?

现在，不妨让我们来操心一下您两位（不辞辛苦地帮助孩子茁壮成长的组织强人）。操持一个家庭如此耗时耗力，以至于你们很快就处于忘我的状态，而在某一天，你们可能会突然情绪崩溃。如何在爆满的家庭安排中，每周给自己保留哪怕是一丁点儿的空闲呢?

你们已经知道下列的一部分对策：

· 雇个临时保姆看孩子，夫妻俩可以一起外出。

· 你们之间时不时地轮流外出进行片刻休整。

· 不要给孩子安排过多的课外活动, 并给你们自己安排一项活动。

· 在每周时间表内安排夫妻相处的时间。

然而, 重中之重或许是让您的孩子尽快地自理, 这意味着教他从小就要学会自己穿衣、洗漱。随着时间流逝, 您可以更上一层楼, 教会他独自在家, 然后是独自外出且定时回来。

如何让您孩子习惯独自在家?

· 从很短的间歇开始锻炼孩子的独处能力, 比如您去楼下买东西, 记得随身带上手机。

· 在固定电话上事先设置您的手机号码和其他有用的电话号码, 并教会孩子如何使用。

· 当他一个人的时候, 完全可以允许他看看电视或玩玩平板电脑。这会令时间过得快些, 并驱散他可能会出现的轻度焦虑。

· 如果他不太愿意独自在家, 建议您去办他认为是苦差的事情的时候让他留在家里。不过, 请不要出去数小时不回来。

·需要的话，和您的邻居打声招呼，这样孩子有事的话可以联系他们。这会令孩子大大安心。

·如果您承诺某个时间回来，请守时间，万一耽搁了，要通知他。总之，给孩子树立一个好榜样。

·确认您孩子能使用钥匙不费力地开关大门，否则，换把门锁或钥匙。

·如果您家是智能门锁，确保他记住入门密码。

·以防万一，给他备好食物。

巧 点 子

如果家里静悄悄的令孩子不安的话，叫他放点音乐或打开电视，制造一点背景声音，这样会让其感觉家里有人一样。

"我发现最能自理的孩子，是那些单亲家庭的孩子。大家完全明白其中缘故……"

卡罗儿·N.

"我儿子经常独自在家，而且越来越不愿意陪我们出去。一人在家对他来说不是问题。他有我们的电话号码，记在一张纸上，而且一般来说，他都会至少给我们打一次电话。"

密丝·B.

"我们晚上去看电影（就在家附近）的时候，我家13岁的老大照看他7岁的妹妹。事实上，他俩特喜欢独自在家。我不太清楚过程，不过，等我们回来的时候，一切（差不多）都收拾清楚，他都上床睡了。而且，第二天，他问我们的第一个问题是：'你们啥时再出去啊？'"

奥雷莉·B.

"我教他如何独自在家有好几年了。每季度都拉长一点儿时间。起初是5—10分钟，在他上一年级前就开始了。简单地说，现在老大可以独自待上2个小时，小的1小时，两人在一起的时候，不超过2个半小时。"

布朗丁娜·J.

如何让您孩子能够独自来回？

· 必备条件：您孩子必须至少年满 8 岁。

· 刚开始，选择一条简单的短路线（比如从您家到面包店），和他一起多次来回，并指给他看潜在的危险地方。

· 当您觉得他可以自己来回之后，和他一起走这段路，但您走在后面，好像由他来带路。

· 最后，在您觉得他可以独自来回的那一天，让他自己去做，必要的话，保持几米的距离悄悄地跟着他，记得和电视剧里的伪装者一样，穿上风衣，戴上黑墨镜。

· 需要学习独立搭乘公交和地铁。让孩子自己坐上公共交通工具，而您像普通乘客一样，离他远远地坐着。不要靠近他，除非出现严重的问题。

从 容 一 些!

如果您孩子觉得没信心独自外出的话，不要坚持，过几个月再来试试。

"孩子一个人去朋友家的时候,我要他一到就给我打电话,并强调假如他忘了做,再也不许他一个人出门了。"

弗朗索瓦·F.

"我们向闺女们表示我们有信心也相信她们。结果,她们也充满信心了。"

斯密吉·E.

"我们在家里装了个摄像头,当他忘了给我打电话的时候,我们可以瞧瞧他是否回家了。"

维萝·M.

"一到我的孩子可以这样做的年纪,我就教他记住我的电话号码,需要的时候好给我打电话。"

弗蕾德·V.

"他爸爸想给他配部手机,可把他乐坏了!他只在放学后才开机,而且在家不能使用。"

帕斯卡儿·R.

"一年前，我儿子一点也不独立，比如他不想一个人在家，哪怕是让他独自待上5分钟也不行。不过，他在上5年级期间渐渐成长起来，慢慢地变得成熟和独立。他意识到他其实喜欢独立的感觉，而且他发现他的伙伴多多少少也独立起来了。"

科林娜·C.

第七章

任务：节假日安排

▼▼▼▼▼▼▼

一年中，穿插着不少节假日和家庭活动来为生活增色。这些节假日主要有学校假期、孩子生日、春节等，这些日子今大人小孩都很开心……嗯嗯，大人很开心？那要在他们克服筹备节假日里需要的一切的重重压力之后！

学校假期

啊，假期！收拾行李、装箱、漫长的车程、堵车、孩子哇哇大哭（因为他受够了坐车、因为他肚子饿了、因为他太热了、因为他想尿尿、因为他想吐、因为他最后真的呕吐了……），这一切都会带来各类突发事件！那么，为啥非要休假？因为我们知道，在休假地，我们会真正地和孩子交流、一起分享、一起开心、有点时间和他进行亲子互动……这一切，值得我们去忍受筹备、路途和返家之后的一切烦恼。

提前采取的小心措施

为使您的假期愉快并真正地振奋精神，您应当做到：

·提前计划：尽可能提早（8—10个月）考虑并进行咨询，因为这样才能找到最好的行程和最便宜的方案！

·选择和孩子出行方便的目的地，也就是说，在那里有许多有趣但对他来说不太累人的活动。如果他还可以独立做点事儿的话，那就更完美了。

· 计划旅途的时候要考虑孩子可能会有的情绪。如果您坐火车，不妨考虑订家庭专区^①来坐在一块儿。如果您坐飞机，可能的话优先选择白天的航程（避免你们凌晨３点起床）或是直航飞机（不必在两段航程中久久地等待中转）。总之，尽可能避免潜在的"麻烦"。

· 确保租的度假屋带有必要的一切设备，得配有洗碗机、洗衣机、微波炉、炉具、烧烤架……

· 住处要足够宽敞，令你们大家都觉得自在并有点个人空间。可能的话，商店就在附近，您孩子可以独自去买点东西。

· 预留全天或半天的空闲时间，让您孩子可以安顿下来并休息一下。

· 核实大家的身份证件是否有效，如果有失效的，要尽快重新办理。

· 随身记下您的保险公司的电话号码和您的保单号，出现问题的时候即可拥有所有信息。

· 将你们所有重要的证件拍照并在手机云端上

---

① 法国高速火车上一般设有四人两两相对的独立区域座位，中间是可折叠方桌，方便家庭集中乘坐。

存档，万一行李或电话遗失或遭窃，还有副本。

·需要的话，找人帮您给家里的花草浇水、给猫咪喂食，或只是让其确保你们不在的时候家里一切正常。

"孩子小的时候，我们根据他的兴趣来选择参观的地方。如今他大了些，我们轮流进行'父母'的一天（比如参观名胜古迹）和'小朋友'的一天（比如去水族馆）。"

路易·P.

"假期第一天，我们毫无计划，用来从容地安顿下来、买买东西、了解一下四周的环境……"

于勒·L.

巧点子

提前预订您所有的酒店、宿营地、进行特殊游乐活动的场地，免得到达的时候吃闭门羹，这很叫人恼火，而且有孩子的话，很容易变得糟心。同样地，在休假的地方，您打算去特殊的（而且十分热门的）场所吃饭的话，提前一天或早上出发之前预订。

从容不迫地开启休假模式的 10 条黄金法则

1.如果你们打算长时间出门在外或目的地较远，提前几个月为大家安排体检（牙科、疫苗……）。

2. 如果您开的是辆旧车，上路前先去维修站检修。

3. 仔细研究线路，不要百分百依赖全球定位系统，它们有时不那么靠谱。

4. 如果你们乘飞机出行，提前核实你们带的手提行李箱的尺寸是否合格，因为航空公司不同，规定不同。还要核实你们是否能在飞机上多带一个手提行李，因为这也并非处处允许的。

5. 假如你们有托运行李，出发前先称个重，确保托运的时候它不会给您添麻烦。

6. 如果你们去国外，了解当地电话收费情况，甚至关掉手机的漫游功能，免得被加倍收费。

7. 将你们所有重要的旅行证件和身份证件收在单独唯一的地方，并指定一个人负责。

8. 在信得过的邻居那儿放套备用钥匙。

9. 清空冰箱冷藏室，可能的话，也清空冷冻室，免得电力故障导致里面的食物全坏掉。

10. 千万别忘了出门的时候丢掉所有的垃圾！

行李

一切都已预订完毕，当您准备妥当要出发时，突然发现度假中最不愉快的一刻来临：要准备行李。怎样才能更妥善地准备呢？

· 制订数张清单：一张给您夫妻俩，其余的给每个孩子一人分一张，你们可以通过特殊应用软件来制订清单并打印出来，也可用老办法在纸上列出清单条目，只不过必须把清单固定放在同一个地方，方便找到、查看和修改。

· 在家里腾出一个地方（桌子、客床、架子……）来存放您逐渐想到的那些需要带上的东西。

· 与其买两个巨型行李箱，不如每人买个小点儿的、带万向轮的箱子，这样每人可随时打理他自个儿的行李。另外，您还可以为比较占空间的物品（比如床单、海滩浴巾、雨衣等）准备一个专门的箱子。

从 容 一 些!

　　提个看上去简单其实不然的小问题：上次您休假带上的东西，您全用上了或穿上了吗？当然没有，特别是那些"以防万一的东西"，比如这件衬衫、这条长裙和这双高跟凉鞋，您在最后一分钟将它们加入行李，心想着或许会有一场高雅的晚会等着你们。那么，假如您受够了带着巨型箱子到处晃悠，下一次您准备行李的时候，不妨换个另类的做法：只带基本行头。将您想带上的所有衣物都摊在床上，思考对一周的假期而言，哪些衣物是能互相搭配出几套穿着出来的。预备可穿五六天的穿戴，其他的就不必带了。鞋子同理：只带2或3双即可。一双在海滩上穿，一双平时穿，一双晚上活动时穿。如果"不巧"

您缺某件行头，您就有了个绝好的借口去逛商店了！

·将衣服放进行李箱的时候，把它们卷起来，节省空间并避免出现褶子。

·如果假期中你们经常换地方，可把小件物品收在大号冷冻食品袋子里：内裤放在一起、鞋子放在一起、上衣放在一起、泳衣放在一起，免得您找东西的时候把箱子翻乱了。

·至于洗漱用品，现在是在美容试用品中挑选的绝好时机。要不然，可以购买药店或美容用品商店出售的现成旅行套装。或者，将您的洗漱用品装在为旅行专门设计的小罐或小瓶中。

·带上几个塑料袋或布袋，来收纳你们的鞋子、脏衣服等等。

·准备一个小型急救包（可放入正在服用的药物、止痛药、消毒纸巾、创可贴、胶布），这样，在找到正在营业的药店之前，可以先对伤口进行紧急处理。

习惯做法

出发前两周

· 制订各种清单。

· 找人来喂猫咪、浇花……

出发前一周

· 在单独且唯一的地方集中你们想带上的所有东西（衣服和各类物品）。

· 停止购买新鲜食品，清空冰箱冷藏室和冷冻室。

· 洗衣服，清空脏衣服筐，保证出发时一切都干干净净的……

· 在一个纸箱内放上您在度假屋需要用到的物品（用洗碗机需要的洗碗块、抹布、厕纸、食用油、醋等等），免得临时去买。

出发前三天

· 取出行李箱，开始装箱。

· 集中你们的重要证件。

· 购买您还缺少的但在度假的地方买不到的物品……

出发前夕

·做卫生，这样，回来后家里一尘不染，就不会患上"返家沮丧症"。

·装好行李并核实大家是否都装好了他自己的箱子。

·最后一刻的购物。（旅途中的食物和饮料、晕车药……）

·准备您的旅途随身包并要求孩子也准备好他自己的随身包……

出发当天

·核实您是否忘记了最重要的东西。（身份证件、旅行证件、银行信用卡、孩子的毛绒玩偶……）

·倒空垃圾箱。

·检查水龙头是否关好。

·检查厕所是否冲了水。

·关掉所有待机状态的电器。

·拔掉电脑、电视、联网装置的电源，以防你们不在时发生暴风雨。

·给您的邻居或可靠的人士一套备用钥匙。

· 关上百叶窗。

· 锁上门。

· 启动警报器。

"出发前，我弄了一张休假特别清单，特别是租用度假屋的时候，因为要带上不少东西。我对它进行更新，并在出发前夕打印出来，在上面做记号，确保它们全都被带上。我一直留着它，回程时用它来核对有没有东西落下。"

安娜·T.

"为在箱子里多装一点，我们用超细纤维毛巾代替了海绵毛巾来洗浴，并在海滩上使用土耳其浴巾①。"

艾德恩·P.

---

① 一种大而轻薄的棉质浴巾，源自土耳其。

"为在度假地少洗几次衣服，我们只带深色或有图案的衣服，这样，相比浅色或白色的衣服，污迹不太明显。当然咯，我们只带免熨烫的衣服。"

克拉拉·T.

"与其带上暖和的衣服，我更倾向于挑选轻薄的衣服。总的来说，我喜欢洋葱式的层次穿衣法。"

安娜·E.

"我尽可能少带衣服鞋子。不过，我在首饰上完全放开：我带了许多式样不一的首饰来变换和装点我的穿搭。而且，这不占地方也没什么重量！"

娜塔莎·P.

巧点子

假如您孩子有足够的自理能力，给他列一张应该带的物品清单（人手一张）并让他自己准备，当然，之后要检查他是否都带全了。

让他也准备一个旅行随身包，装上在旅途和假期无事可干的时候用来打发时间的东西（书籍、小游戏、平板电脑……），当然，要核实是否能够携带。

旅途

出发之前，让我们来看看最后一刻的细微调整。

· 确定您孩子没有忘记他最心爱的毛绒玩偶或其他重要物品，比如冬季大衣。

· 大家的穿着都要柔软舒适，特别是你们得久坐数小时的话。

· 准备一点食物和饮料，这样在延误或出现麻烦（大塞车或交通高峰期间火车故障）的时候，可以支撑一下。

· 天热的时候，带上喷雾和车用遮阳板。

· 天冷的时候，准备几条小毯子。

· 如果你们开车旅行的话，尽量每 2 小时停下来休息一下，舒展一下手脚，并换人驾驶。

塞进您的旅行随身包的 10 类必备物品:

1. 装上你们所有身份证件和旅行证件的大号透明袋。

2. 一条暖和的大围巾或一条轻薄的披肩。

3. 电子产品的充电器，以及一或两套备用耳机，因为你们会在路上遗失的……不信的话，打个赌?

4. 一小瓶水。

5. 打发时间的东西: 书籍、杂志、带屏幕的电子设备……

6. 一副纸牌，给您孩子换换娱乐方式，不过，您也要和他一起玩!

7. 纸巾。

8. 几个塑料袋，万一您需要垃圾袋或呕吐袋。

9. 一个小型梳洗包，装上一支滋润霜或几个护理霜样品、牙粉、化妆品、梳子，好在旅途艰苦漫长的时候来清洁和修饰一下自己。

10. 耳塞和眼罩，当环境喧闹，它们可给您带来一点清净。

"为使旅途对孩子来说不那么漫长，我们尽可能晚上开车。然后，在车上放音乐。"

安娜·G.

"与其带上有点占地方的毯子，我们带了非常柔软的大围巾，它们在不少冬装商店里有售，而且人可以很舒服地裹在其中。它们也能在诸如夏夜的微凉时替代毛衣使用。"

妮娜·R.

"我特别怕冷，总在旅行随身包里塞进一双袜子，空调太凉的时候将其穿在脚上。"

蕾亚·K.

从 容 一 些!

如果到了度假地方之后，一切都不完全像您精心准备的那样，无须太在意。相反地，放松自己! 有点意外或小烦恼也不坏，况且，它们经常会是最美好的回忆!

如何在休假后恢复正常的生活

休假回来已经够让人沮丧了，不要令您的生活无谓地变得更复杂。

· 可能的话，计划用一天来休整，令假期和工作之间的过渡好过一点。

· 返回的时候，把所有脏衣服集中在一个单独且唯一的行李箱里，免得到家后进行分拣。

· 要不然，要求每个人把脏衣服装在专门的袋子里，和干净的衣服分开，放在他自己的箱子里。回家后立刻放到洗衣机前或脏衣筐里。

· 尽可能迅速地清空并收拾您的行李箱，因为拖到几天后再收拾的话，只会让人更丧气。

· 也要求您孩子清空各自的行李箱，监督他直到完成为止。

· 毫不拖延地开始洗衣服，一旦结束，马上开始下一轮，直至您洗完所有脏衣服为止。

"如果我们开车去的话，我在行李箱里塞一个带气阀的真空收纳袋，用于回程装脏衣服并尽可能节约空间，因为我们肯定会一如既往地带回一大堆新玩意儿！"

路易丝·N.

"为避免回程后要花半天时间采购食物填满空空的冰箱，我提前在网上买好一切，并安排送货上门。"

佩琳娜·G.

"回来后第一个周末，我就把所有假期照片转存到电脑上，来个大分拣。同一系列的照片我只保留一或两张，把它们存在清楚标明具体地点和日期的特殊文件夹里。然后，我把最好的照片复制粘贴在名叫'相册'的子文件夹里。这样一来，在某个心情黯淡的冬季星期天，我可以制作一个电子相册。"

艾玛·T.

"我们刚回来就开始考虑下次的假期。"

安东尼·B.

孩子的生日会

我们巴不得忘掉时间的流逝，可孩子每天都在计算离他的生日还差几天，并提前6个月就开始和我们唠叨生日会的布置、请的人数、请客的食物和打算安排的节目等等（必须得说，孩子对生日会的期望很高，而且竞争很激烈！）。

生日会组织

为避免您因为时间紧而为孩子的愿望忙得团团转，简单地说就是为自己争得一点主动权：

·提前1或2个月开始考虑，因为您可能已经知道，如果在家办生日会，那是劳神费力的；如果您想在外面办，好玩的地方经常大排长龙。

· 准备 4 张单子：一张邀请名单、一张节日主题布置物料清单、一张节目单和一张点心准备单。这里也记得使用思维导图的方法，保证没有遗漏。

· 至于点心，不必太花心思，因为天下所有的孩子想吃的，就是蛋糕、饼干或冰淇淋（特别是巧克力冰淇淋，但不仅限于此）、糖果和甜饮料。特别的日子嘛，特别的菜单。

· 还要准备小客人们的礼物。孩子都爱这一套，不过简单就好：几颗糖果、贴纸、吹泡泡水、冰箱贴、彩色圆珠笔或铅笔、发夹……这些都可以作为礼物塞进漂亮的小纸袋或塑料袋里。假如您有心组织一场寻宝游戏的话，它们也能派上用场。

巧点子

如果可能，您就得让孩子参与准备他自己的生日会。比如说，可以问他想请谁（当然要限制人数），想要的生日会主题和活动是什么。如果他心气甚高，想搞一场带有充气城堡、小丑、烟花的生日会，和他商量找到折中方案，向他解释为什么做不到：公寓太小，费用太贵等等（早点知道生活中不可能事事如意，体会一下挫折感是件好事）。最后，如果他年纪够大了，让他参与采购、布置、蛋糕制作。给他点事情做使他更有参与感并帮您节省时间。

假如您认为某个孩子太好动、没礼貌、会破坏大家在一起的气氛，因此不太赞同邀请他，可向您的孩子使用您的否决权。或者，跟您的孩子说您不认识他的父母，没法跟他联系上。

· 生日会前一天或当天，如有需要，在家里转一圈，把易碎的东西藏起来。

· 要知道您孩子的卧室可能会有其他小孩随便进去，和他一起把他珍惜的或不愿客人触碰的东西收好。

从 容 一 些!

您想好好宠爱一下您的孩子，这可以理解。不过，不要在他只有 6 岁的时候就大张旗鼓地庆祝，比如办场西部牛仔化装舞会或安排印第安人突袭之类的节目。因为，这么一来，对他 7、8、9、10 岁的生日会，您还能有啥好点子？换而言之就是，给今后的安排留一点余地!

生日会上的节目

如果您是安排孩子生日会的新手，千万不要认为孩子会主动找到点子，一起玩个不亦乐乎。应当由您来搞活动，并要明白必须准备许多节目，因为小家伙们很快就会厌倦，而且，所有人不会在同一时间想玩同一项活动。特别是当您住在公寓，并无法将小家伙们打发到室外去玩儿的话，要准备一些安静的活动！

黄 金 法 则

尤其是，不要想着独自一人来应付孩子的生日会。要想一切顺利，至少得有两个大人：一个管各种活动，另一个处理意外情况（孩子赌气了、吵架了、觉得无聊了……）。

一些室内活动的点子

·一张白色纸质餐桌布，可在上面涂鸦，然后铺在吃点心的桌上，或者在一张超大白纸上画壁画。

·变装活动：在这种情形下，购买质量安全的服装，并事先在网上找一些简单的化装式样。

·手工活动：用特殊水笔装饰木制物品、拼贴画……

·棋盘游戏或安静而耗时不长的纸牌游戏。

· 模仿游戏。

· 钓鱼游戏：在此情况下，要准备必要器材——钓竿和客人的小礼物。礼物系上大大的蝴蝶结，方便钓起来。

· 而对年龄大些的孩子来说，最有趣的莫过于一场三四人的变装晚会了。

一些室外活动的点子

· 带有密码信息的寻宝游戏。

· 闯关游戏。

· 多项老少皆宜的体育活动分组轮回赛，即使最不爱动的孩子也能参加。

黄金法则

如果您是生日会的主办者和主持人，计划每半小时换一项节目，其中包括了吃点心和拆礼物环节。不过，如果您看到孩子们自己玩得开心，那就不用在意您的完美计划了，让他自己玩去，利用这个间隙坐下来好好喝杯茶。

"我会安排大部队去公园。而且，根据我的经验，千万不能超过 10 个小孩。这真的是极限了。"

玛丽·G.L.

"从他 6 岁起，就是同一群（6 个）朋友……无论是运动还是私下都黏在一起。他们有点儿吵，不过他们真的是相处融洽的铁哥们。"

诺文·B.

"我从不在家里办有孩子朋友们参加的生日会。这样子，不用清理打扫，也不用对付熊孩子和他们的家长！我女儿挑个主题，我付钱，我所在城市的多功能图书馆负责剩下的一切。然后，她再另选一个主题和家人庆祝，我在网上下单，这样就搞定了！"

阿雷克丝·M.

"现在我在外面办生日会！保龄球馆、室

内游戏场、电影院、溜冰场等等……这避免了家里到处乱糟糟，东西可能被弄坏，之后还要收拾清理……"

亚里桑德拉·L.

"除了游戏外，我们还准备了自拍环节：我们让孩子成对坐在一张大大的扶手椅上，给他们一些有趣的道具，比如假胡子和怪模怪样的帽子，叫他们做起鬼脸来拍照片！大家都玩得很尽兴，而且这是些美妙的回忆。"

路易·P.

"孩子小的时候，我在公园或家里办生日会。后来，我找了家机构在家里承办。午餐＋电影的模式也很不错。"

卡罗琳娜·P.R.

"直到现在，我们都在室内游戏场给儿子庆生。明年将是激光枪游戏。家长更愿意让孩子参加这类活动，因为不太会有孩子在活动开始前决定不来。"

卡琳娜·N.

"我选择'室内游戏乐园'的模式。因为花费上升得很快，我限制孩子人数（但还是有8或9个！），而且我自己来准备点心。"

伊莎贝尔·L.F.

"今年，我儿子和他最好的朋友一起在他朋友家里庆生。他家有个大庭院。至于生日会的筹备和组织，我们大人之间分摊任务。一切都非常顺利，没有压力也不是特别累人。太棒了。"

玛戈·F.

新年快乐！

新年大步来临或已经过去，而您惊觉尚未向您家人或远方的朋友祝贺新年。幸运的是，祝贺的方式已经进步了：

· 对于近亲，除了电话祝贺，您也可以寄一张贴着您全家照片的贺卡。

· 稍远的、不常走动可您想保持联系的亲戚，拿起您最华丽的笔写封信通报近况，然后附上您全家的照片以及贺卡，这样既快捷又有效。不过，为使您的信更显得亲近，签名的时候记得写上一句温馨的话。

· 以上建议的另一做法是：寄一张电子卡片。对都很中意这种方式的人来说，方便、快捷！

· 对关系一般的人来说，一封短短的电邮或通过脸书以朋友身份发个亲切的短信足矣。

黄 金 法 则

如果您想用手机短信向亲人贺年的话，要将短信写得个人化，因为，再没有比收到群发的短信更叫人讨厌的事了。

"关于新年祝愿，我用3个宝贝的各种姿势照，做了本挂历。这是备受家人喜爱的一份节日礼物。"

艾米莉·B.

"我寄传统贺卡（和慈善事业有关的）给客户，他们被这种渐渐失传的祝福方式深深打动了。"

莫尼卡·R.